한 줄의 기적,
감사일기

한 줄의 기적, 감사일기

2014년 12월 5일 초판 1쇄 | 2023년 9월 27일 14쇄 발행

지은이 양경윤
펴낸이 박시형, 최세현

책임편집 최세현
마케팅 양근모, 권금숙, 양봉호, 이주형 **온라인마케팅** 신하은, 현나래, 최혜빈
디지털콘텐츠 김명래, 최은정, 김혜정 **해외기획** 우정민, 배혜림
경영지원 홍성택, 김현우, 강신우 **제작** 이진영
펴낸곳 (주)쌤앤파커스 **출판신고** 2006년 9월 25일 제406-2006-000210호
주소 서울시 마포구 월드컵북로 396 누리꿈스퀘어 비즈니스타워 18층
전화 02-6712-9800 **팩스** 02-6712-9810 **이메일** info@smpk.kr

ⓒ 양경윤 (저작권자와 맺은 특약에 따라 검인을 생략합니다)
ISBN 978-89-6570-227-6 (03320)

쌤앤파커스(Sam&Parkers)는 독자 여러분의 책에 관한 아이디어와 원고 투고를 설레는 마음으로 기다리고 있습니다. 책으로 엮기를 원하는 아이디어가 있으신 분은 이메일 book@smpk.kr로 간단한 개요와 취지, 연락처 등을 보내주세요. 머뭇거리지 말고 문을 두드리세요. 길이 열립니다.

Thanks Diary

한 줄의 기적,
감사일기

• 양경윤 지음 •

쌤앤파커스

차례

Part 2

감사일기는 어떻게 행운과 기적을 부르나?

Part 3

오늘부터 감사일기를 쓰자

쓸수록 힘이 나고
하루가 행복해지는 마법의 한 줄

여러분에게 찾아온 오늘 하루는 어떤 하루인가요? 행복한 하루인가요, 불안하게 출발한 괴로운 하루인가요? 아니면 매일 똑같은 하루를 그저 습관처럼 보내고 있나요? 저의 하루는 단언컨대 행운이 가득한 감사한 날입니다. 무슨 근거로 이렇게 확신하느냐고요? 제가 그렇게 선택했기 때문입니다.

아마 말도 안 된다고 생각하실 겁니다. 행운이라든가 행복 같은 것을 선택했다고 해서 일상이 그렇게 되는 게 아니라고, 혀를 끌끌 차며 비웃을지도 모르겠습니다. 네. 맞습니다. 당연히 그렇습니다. 하지만 제가 행운을 선택하는 순간, 저는 행운을 받아들일 준비가 됩니다. 꽉 움켜쥘 준비가 되어 있으니, 아무리 작고 사소한 행운이 빠르게 스쳐가도 저는 놓치지 않습니다. 그래서 저는 아침마다 감사함과 행운을 선택합니다.

아침시간은 누구라고 할 것 없이 바쁘게 지나갑니다. 전날 밤에 늦게 잠들었다면 허둥지둥 일어나 아침밥도 거르고 직장 혹은 학교로 달려갑니다. 주부라면 정신없이 아침상을 준비하겠지요. 워킹맘인 저 역시 아침마다 정신이 하나도 없습니다. 아침식사를 차리고 아이들을 학교에 보내고, 남편의 출근준비도 돕습니다. 게다가 저도 출근을 해야 하지요. 그래서 순식간에 지나가는 저의 짧은 아침시간은 마법사가 와서 지팡이라도 한 번 휘둘러줘야 무엇 하나 빠트리지 않고 마무리되는 것 같습니다.

그런데 저는 이렇게 바쁜 아침이 시작되기 전에 마음속으로 주문을 외웁니다. 눈을 뜨고 몸을 일으키기 전에, 마음속으로 어젯밤에 감사요청 일기에 적었던 내용을 되새기는 것입니다.

"감사합니다. 감사합니다. 감사합니다. 오늘도 행운이 가득한 날을 선물 받았습니다."

"오늘 제가 하는 모든 일이 다른 이들에게 큰 도움이 되어 감사합니다."

물론 주문을 외우든 안 외우든, 불난 호떡집 같은 아침은 똑같이 반복됩니다. 하지만 이렇게 주문을 외우고 시작하는 저의 하루는, 그냥 무한히 반복되는 똑같은 하루가 아닙니다. 매일 새롭게 감사한 일들이 일어나고, 어느덧 일상은 크고 작은 행운으로 차오릅니다.

누구나 아침부터 밤까지 각자에게 부여된 역할에 따라 살아갑니다. 프리랜서가 아닌 한 대부분은 정해진 시간에 출근하고 일하고 퇴근합니다. 학생도 주부도 시간에 맞추어 생활하지요. 그렇다면 이렇게 매일 똑같은 하루에 행복과 불행은 무엇으로 결정될까요? 궁금하지 않으신가요?

여러분이 지나온 오늘 하루는 어떤 하루였나요?

저의 오늘은, 단언컨대 행운과 감사가 가득한 날이었습니다. 실제로 오늘 저에게 밀려온 행운들을 세어보면 열 손가락을 다 접어도 모자랍니다. 무슨 특별한 날이었냐고요? 전혀 아닙니다. 하지만 저는 매일 고마운 일이 많이 일어나고 행운이 가득합니다.

앞에서 말씀드렸듯이 이것은 저의 선택입니다. 저는 아침에 눈을 뜨자마자 감사와 행운을 선택합니다. 그것이 바로 제가 가진 마법지팡이입니다. 그렇다면 과연 그 마법지팡이가 어떻게 저의 하루를 이처럼 행운과 감사가 가득한 날로 만들어주었을까요? 제가 어떻게 그것을 선택하게 되었을까요?

저에게 매일 행운을 가져다준 마법지팡이는
바로 '감사일기'였습니다.

여러분은 오늘 하루가 어떻게 되길 바라나요? 오늘에 관한 소망을 품고 하루를 시작하는 사람이 세상에 얼마나 될까요? 그리고 그 소망을 현실로 바꾸는 사람은 또 얼마나 될까요? 이 모든 것을 이루어주는 도구가 여러분의 삶 속에 있습니다. 그저 손을 뻗어 잡기만 하면 됩니다.

자, 행운을 잡으러 갈 준비가 되셨나요? 그럼, 함께 감사일기 속으로 풍덩 빠져보겠습니다.

Part 1.

감사일기로
삶에 기적을 만들다

마음이 분노와 슬픔, 두려움에 떨고 있는데 어떻게 외부세계의 아름다움이 눈에 들어오겠습니까? 마음세계와 외부세계를 연결해줄 저만의 자기대화가 필요했습니다. 저는 자기대화의 한 방편으로 아주 작은 선택을 했습니다. 그것은 바로 '감사일기'입니다. 감사일기 속에는 아름답고 긍정적인 언어가 가득합니다. 그러한 긍정언어에 노출되면 쓰는 사람은 자연스럽게 긍정의 힘을 키울 수 있습니다. 감사일기를 쓰면 쓸수록 저는 단어가 주는 힘, 말의 힘에 깜짝깜짝 놀라곤 합니다. 제가 썼던 긍정과 감사의 언어들이 부메랑처럼 저에게 다시 돌아오고, 제가 뿌린 긍정적인 말의 씨앗들이 무럭무럭 자랐기 때문입니다. 또한 제가 쓴 감사의 말 한 마디 한 마디가 그대로 이루어지기도 했습니다.

하루 한 줄로
행운과 기적을 끌어당기다

행복 vs. 불행.

마흔 무렵 이 두 단어가 제 삶을 흔들 때, 저는 다양한 책들을 만났습니다. 그 전까지 제 일상에 책이라는 것은 그저 '남에게 보여주기 위한 과시용' 책 몇 권이 전부였습니다. 하지만 마흔 이후에 저는 진정한 책의 세계를 만나면서 새로운 삶에 눈뜰 수 있었습니다.

그때까지 저는 초등학교 교사라는 직업을 가진 직업인이자, 주부, 엄마, 아내로 살아왔습니다. 제가 감당해야 하는 수많은 역할들 '때문에' 책 읽을 시간이 없다고 항상 핑계대곤 했지요. 하지만 돌아보면 그 많은 역할들과 해결해야 할 문제들 '덕분에' 저는 더욱 절실하게 독서에 몰입할 수 있었습니다. 그런데 책을 읽기 시작하자 제 인생에 신기한 변화가 찾아왔습니다. 이런저런 '역할을 맡은 사람'이 아니라, 자신의 삶을 '주도적으로 이끄는 사람'으로 변화하기 시작했습니다.

맨 처음에 저는 '1년에 100권 읽기, 하루에 2시간 이상 책 읽기'라는 목표를 세우고 도전했습니다. 그렇게 책읽기에 몰입했더니, 책만이 저의 사고와 행동, 삶의 방향을 바꿀 수 있다는 믿음이 확고해졌습니다. 그렇게 3년 정도 지나자 다분히 편향적이었던 제 독서취향도 자연스럽게 변화해서 다양한 분야의 책을 골고루 읽게 되었습니다. 부끄러운 말이지만, 지난 몇 년 동안 읽은 책이 제가 마흔이 될 때까지 읽은 책보다 몇 배나 더 많았습니다. 덕분에 사고체계가 변화하기 시작했고, 머릿속에서는 책들이 서로 네트워크를 만들어 융합되었습니다.

Thanks라고 말하고 Giving으로 주는 것

독서를 통해 제 생각과 의식의 흐름이 조금씩 바뀌긴 했지만, 그래도 제 삶이 크게 달라진 것 같지는 않았습니다. 물론 책을 읽으면서 지식이 쌓이고 간접적으로 경험하는 세상이 넓어지는 기쁨을 느끼긴 했습니다. 하지만 책을 아무리 많이 읽어도, 제 삶이 어디로 가는 것인지 방향이 잡히지 않는 듯했습니다. 그렇게 또 약간의 슬럼프를 겪으며 시간을 무심히 흘려보냈습니다.

그러던 어느 날, 저는 데보라 노빌의《감사의 힘》이라는 책을 읽었습니다. 감사함이라는 감정을 느끼지 못하고 살아온 저는 그 책을 통해 새로운 삶의 방향을 발견한 것이었습니다. 과연 나는 감사함을 충분히 느끼고 표현하며 사는 걸까? 저는 저 자신과 대화를 하기 위해 '감사일기'를 쓰기 시작했습니다. 그리고 감사일기를 쓰기 시작하자 저의 하루하루는 완전히 달라지기 시작했습니다. 독서가 제 사고체계에 변화를 가져다주었다면, 감사일기는 제 마음의 체계를 변화시켰습니다.

사람들이 언제 "감사합니다. 고맙습니다."라고 말할까요? 누군가에게 무엇을 받을 때, 누군가가 내가 원하는 것을 해줄 때 습관적으로 말합니다. 업무적인 전화통화를 마칠 때나 가게에서 영수증을 받을 때처럼, 그저 입술만 움직여서 타성적으로 감사하다고 말하는 경우도 있습니다. 그런데 제가 감사일기를 쓰고 나서 알게 된 것은, 그런 습관적인 말은 진정한 감사가 아니라는 사실입니다. 진정으로 '감사함'이라는 감정을 느끼기 위해서는, 아주 작고 사소한 일에도 마음 깊이 고마움을 느끼고 적극적으로 표현해야 합니다. 버릇처럼 튀어나오는 말이 아니라 진정성과 감동이 바탕이 깔린 표현 말입니다. 그리고 목적을 가진 감사 혹은 '나에게 어떤 도움이 될까?'를 계산하는 감사는 진정한 감사가 아닙니다. 그것은 타인에게 진정으로 감사하는 태도와는 다른 감정입니다.

영어로 '감사'라는 말은 'Thanksgiving'입니다. 흔히 쓰이는 'Thanks' 보다 좀 더 격식을 갖춘 표현입니다. 어떤 신문칼럼에서 'Thanksgiving' 의 뜻을 "Thanks라고 말하고 Giving으로 주는 것이다."라고 풀이한 것을 보고, 저는 머리를 한 대 맞은 듯했습니다.

'내가 살아온 지난 40년의 세월 속에 진정한 감사함이 있었던가?'

저는 스스로에게 여러 번 되물을 수밖에 없었습니다.

도덕적 행위는 연습을 통해서 완성되어간다고 합니다. 감사도 연습이 필요합니다. 저는 '감사일기'를 연습하면서 '감사하기'를 몸으로 체득해 나갔습니다. 그런데 처음에는 매일 쓰지 못했고, 쓰고 싶은 날만 간간이 썼습니다. 그렇게 내킬 때만 드문드문 쓰다 보니 긍정적인 마음이나 감사한 마음을 가슴 깊이 지니려고 해도 잘되지 않았습니다. 감사일기를 지속시킬 만한 의지 혹은 내면의 힘이 부족했기 때문입니다.

감사일기를 지속시킬 수 있는 힘은 독서이고,
독서를 지속시키는 힘은 감사일기입니다.

뒤에서 더 자세히 소개하겠지만, 감사일기를 습관으로 만드는 한 가지 비법을 먼저 소개하자면, 바로 독서입니다. 저는 책읽기를 통해서 내면의 힘을 조금씩 키워나갔고, 책에서 얻은 교훈이나 감동에 대해 감사하는 내용을 감사일기에 적기 시작했습니다. 결과적으로 감사일기를 매일 쓰는 습관이 시나브로 자리 잡았고, 책을 더욱 깊이 읽게 되었습니다.

또한 감사와 관련된 여러 가지 책을 읽고 감사일기 작성법에 대해 저 나름의 원칙을 만들 수 있었습니다. 감사일기 작성의 7가지 원칙은 3부에서 자세히 설명하도록 하겠습니다.

365일 눈뜨는 순간부터 감사하다

이렇게 독서와 감사일기가 만나자 저 자신은 물론 제 주변 사람들까지도 긍정적으로 변화하기 시작했습니다. 가장 먼저 일어난 변화는 제가 제 모습을 직시한 것입니다. 함부로 뱉은 거친 말, 쌀쌀맞은 말투, 그 말 속에 들어 있는 부정적인 의미, 평소에는 잘 지내다가도 어떤 문제가 생기면 그 순간을 참지 못하고 '버럭!' 화내기 등, 저는 그제야 그런 제 모습을 있는 그대로 바라보기 시작했습니다. 현실을 직시하니 문제가 무엇인지 선명하게 보였고, 어떻게 고쳐야 할지도 쉽게 알 수 있었습니다. 그렇게 감사일기와 독서는 저라는 사람의 본질을 좀 더 둥글둥글하게 만들어 주었고, 그 속에 사랑, 믿음, 고마움을 가득 채워주었습니다.

제 몸과 마음에 변화가 일어나자 주변 사람들도 변하기 시작했습니다. 남편과 아이들은 물론이고, 동료 선생님들, 학생들, 이웃들, 친구들⋯. 제가 바뀌자 자연스럽게 그들이 저에게 주기 시작했습니다. 제가 그들에게 원했던 일들을, 그들이 저에게 해주기를 간절히 바랐던 일들을 말입니다. 감사일기를 쓰면 쓸수록 저는 제 모든 시간과 공간, 365일이 행운과 기적이라는 사실을 알게 되었습니다.

함께하면 더 즐겁고 더 행복하게
더 멀리 갈 수 있습니다.

평범한 일상이 기적과 행운으로 바뀌는 이 비법을 사람들에게 전하고 싶었지만, 처음에는 누구에게도 말하기가 어려웠습니다. 감사일기와 독서가 제 삶을 변화시킨 도구였지만, 그것을 타인에게까지 강요할 수는 없는 노릇이었기 때문입니다. 하지만 아주 가까운 사람들과는 조심스럽게 이것을 나누고 싶었습니다. 책 이야기, 감사함에 대한 이야기 등을 나누었던 멘티 님들과 감사일기를 공유하면서 감사의 자기장은 증폭되었습니다.

누군가와 함께한다는 것은 매우 큰 힘이 되었고 저는 더 열심히 감사일기를 쓰고 있습니다. 감사일기를 공유하며 서로에게 힘이 되어주자 공명이 생겨났고, 주변 사람들의 일상에도 변화가 찾아왔습니다. 그저 누구나 쓸 수 있는 하루 몇 줄의 감사일기를 통해서, 그리고 독서를 통해서 삶이 달라짐을 목도했습니다. 저는 변화를 원하는 이들에게 '마음을 열고 바라보면 삶 자체가 기적'임을 알려주는 마법지팡이를 드리고 싶습니다. 물론 한 권의 책으로 우리의 인생이 바뀌지는 않습니다. 또한 감사일기를 한두 번 썼다고 해서 달라지는 것도 아닙니다. 하지만 부단한 독서와 감사일기가 임계점을 돌파하는 순간, 상상도 하지 못했던 일들이 눈앞에 펼쳐집니다. 저는 오늘도 기적과 행운이 가득할 하루를 기대하면서 눈뜨는 순간 침대에서 낮은 목소리로 읊조립니다.

"감사합니다. 감사합니다. 감사합니다."

감사함을 말하는 나의 목소리에 한 번 더 감사하며 하루를 시작합니다. 저는 지금 행복합니다.

'이유 없이 바쁜' 상태에서
벗어나려면?

"바쁘다."

저는 늘 "바쁘다."라는 말을 입에 달고 살았습니다. 아내로, 엄마로, 직업인으로 살다 보면 누구나 그렇듯이 시간에 쫓기기 마련입니다. 요즘 젊은 사람들은 어떤지 모르겠지만, 40대인 제 세대의 워킹맘들은 퇴근 후에 집에 돌아와 식사 준비, 빨래, 청소, 아이들 숙제와 준비물 챙기기 등, 몇 단어로 다 표현할 수 없는 수많은 집안일을 '빛의 속도'로 처리합니다. 저 역시 예외는 아니어서 "바쁘다, 바빠!"를 외치면서 매일 엄청나게 많은 일을 해냈습니다. 지금도 마찬가지이고요. 그래도 하루하루를 즐겁고 성실하게 생활했으며, 남들도 저처럼 현실에 맞춰 그저 열심히 살아가겠거니 하고 생각했습니다.

그런데 어느 날 문득 저 자신을 돌아보며 궁금해졌습니다. 나 역시 남들처럼 '그냥 열심히' 사는데, 왜 "바쁘다."는 말을 입에 달고 살까? 직장일과 살림을 동시에 하느라고? 곰곰이 따져보니 비단 그것 때문만은 아니었습니다. 그냥 저의 입버릇이 "바쁘다."였습니다. 왜 바쁜지도 모르고 그냥 바쁜 것 말입니다.

살림과 육아, 직장생활 외에 특별히 공부를 한다거나, 취미에 몰두하는 것도 아니었습니다. 목표를 세우고 끈기 있게 추진하는 일도 없습니다. 눈앞에 닥친 일들을 해낼 뿐인데도 저는 그저 바빴습니다. 짜임새 없이 그냥 닥치는 대로 주어진 시간을 흘려보내고 있었기 때문입니다. 그러면서 "바쁘다, 바쁘다." 하고 말했습니다.

입으로 늘 바쁘다고 말하니 저의 머릿속과 마음속도 내내 바쁘기만 했습니다. 내일 할 일, 아이들 공부걱정, 낮에 직장동료가 했던 말, 아침에 남편이 한 말, 어제 있었던 일 등, 오만 가지 생각들이 들고 나기를 반복하며 머릿속을 바쁘게 만들었습니다. 그러다 보니 실제로 모든 일을 조급한 마음으로 발을 동동 구르며 처리했습니다. 남들 눈에는 제가 어떻게 보였을지 몰라도, 제 마음은 조급증으로 내내 몸살을 앓았습니다.

도서관에서 만난 한 권의 책

마흔 살에 들어서던 어느 겨울, 저는 도서관에서 한 권의 책을 만났습니다. 명문가의 자녀교육에 관한 책이었습니다. 도대체 명문가 부모들은 자녀를 어떻게 키울까? 처음에는 단순히 호기심으로 책을 펼쳤습니다. 그 책을 보니, 명문가의 자녀들에게는 멘토인 부모가 있었으며, 할아버지 대로부터 시작된 가정교육이 부모대에 체계가 잡히고 손자대에 와서 빛을 발한다고 했습니다. 저는 그때 처음으로 저 자신을 돌아보았습니다.

'나는 우리 아이들에게 멘토가 될 준비가 되었나? 그냥 하루하루를 열심히 사는 엄마로도 괜찮을까? 엄마이자 아내로서 내 존재의 의미는 무엇일까? 나는 우리 가정을 위해서 무엇을 준비해야 할까?'

이런 고민을 하기 시작했습니다. 생각해보니 그때까지 저는 늘 바쁘다는 핑계로 책 한 권 가까이한 적도 없었고, 시사문제에도 별로 관심이 없었으며, 그냥 지인들과 즐겁게 수다 떠는 것이 유일무이한 취미였습니다.

'나는 아이들에게 무엇을 주었는가? 어떤 가치관과 철학으로 아이들을 키우는가? 나는 이제까지 아이들을 그저 잘 먹이고 잘 입히기만 하면 내 임무는 다 끝났다고 생각해온 것 아닌가? 아이에게 먼 미래를 바라볼 수 있는 식견을 심어주었나?'

여러 가지로 의문스러운 일이 많았습니다. 고민 끝에 저는 한 가지 결론을 내리게 되었습니다.

부모라면 누구나 자녀교육에 대한
자신만의 철학을 가져야 한다.

저는 교사라는 직업을 가진 사람임에도 불구하고, 그런 깨달음이 있기 전까지 가정에서 부모가 가져야 할 제대로 된 철학도 없었습니다. 한마디로 준비가 덜 된 부모였던 것입니다. 저 자신이 너무나 부끄러워졌습니다.

그냥 '바쁘다'에서 벗어나는 법

정신없이 '바쁜 상태', 즉 저의 머릿속부터 정리할 필요가 있었습니다. '이유 없이 바쁜 상태'에서 벗어나기 위해 저는 책을 선택했습니다.

'책부터 읽자. 일단 많이.'

이렇게 결심하고 지푸라기라도 잡는 심정으로 책을 읽기 시작했습니다. 처음에는 쉽지 않았습니다. 하지만 재미있는 것부터 차근차근 읽다 보니 의외로 쉽게 빠져들 수 있는 것이 바로 책의 바다였습니다. 그렇게 책 읽기는 제 삶의 씨실이 되었습니다.

그런데 지금 생각해보면 제가 책을 읽겠다고 결심한 것 자체가 어쩌면 일종의 기적이었습니다. 기적. 김병완 작가님은 '도서관에서 기적을 만났다.'고 했습니다. 저 역시 도서관에서 기적을 만났습니다. 제 마음에 불씨를 지펴준 기적의 책 한 권을 집 앞 도서관에서 만났기 때문입니다.

도서관 이야기가 나왔으니 잠시 사족을 덧붙이겠습니다. 제가 살고 있는 아파트 바로 앞에 시립 도서관 분관이 있습니다. 규모는 작지만 저는 그 도서관 덕을 엄청나게 많이 보고 있습니다. 바로 집 앞에 도서관이 없었다면 저처럼 게으른 사람은 도서관이라는 곳에 평생 동안 발을 들여놓지도 못했을 것입니다. 도서관 덕분에 저는 제 인생의 목표를 세웠고 그것을 향해 나아갈 수 있었습니다.

'맹모삼천지교'라는 말이 있지요. 맹모처럼 찾아다니지는 못했지만 우연찮게 저희 집 앞에 공공 도서관이 있었던 행운으로, 저도 자연스럽게 맹모삼천지교를 흉내 낼 수 있었습니다. 이렇게 감사한 일이 또 있을까요? 그래서 제가 쓴 감사일기에는 이 작은 도서관에 대한 감사의 표현이 무척 자주 등장합니다. 책을 무료로 마음껏 볼 수 있는 도서관이 집 앞에 있다는 사실이 얼마나 큰 행운이며 기적인가를 늘 감사하게 생각합니다.

대부분의 사람들은 이사를 하거나 주택을 구입할 때 앞으로 집값이 오를 것인가, 출퇴근이 용이한가, 문화시설이 다양한가 등을 따집니다. 저는 여기에 덧붙여 가까운 곳에 도서관이 있는지를 꼭 따져보라고 말하고 싶습니다. 빌 게이츠는 어느 인터뷰에서 "오늘날의 나를 만든 것은 동네의 작은 도서관이었다."고 말했습니다.

🖋 소개하고 싶은 책
- 세계 명문가의 자녀교육, 최효찬, 예담, 2006
- 나는 도서관에서 기적을 만났다, 김병완, 아템포, 2013
- 잠수네 아이들의 소문난 영어공부법, 이신애, RHK, 2013
- 습관, 김경모, 폴라리스, 2009

🖋 감사일기

… 집 앞에 도서관이 있음에 감사합니다. 감사합니다. 감사합니다. 늦은 시간까지 대출할 수 있는 내서 도서관 덕분에 퇴근 후에 책을 빌리러 갈 수 있음에 감사합니다. 감사합니다. 감사합니다.

도서관이 나의 집 옆에 있는 것은 행운입니다. 행운은 늘 우리 옆에 있습니다. 그 행운을 잡는 것은 내가 행동할 때만 가능합니다. 나의 행운을 알고 내가 행동할 수 있었음에 감사합니다. 감사합니다. 감사합니다.

… 도서관에 책을 빌리러 갔다가 우연히 펼친 책에 '옥불탁玉不琢이면 불성기不成器 하고 인불학人不學이면 부지도不知道'라는 글귀를 보았습니다. '옥은 다듬지 않으면 그릇이 되지 않고 사람은 배우지 않으면 의를 알지 못한다.'는 뜻입니다. 이 글은 나에게 더 배우고 익히라는 깨달음을 주었습니다. 감사합니다. 감사합니다. 감사합니다.

딸아이의
놀라운 변화

"손톱 물어뜯지 마라!"

제 딸아이는 초등학교 2학년 때부터 손톱을 물어뜯기 시작했는데, 3학년이 되니 점점 더 심해졌습니다. 열 손가락을 모두 잘근잘근 씹어 손톱이라는 것을 깎을 필요가 없었습니다. 지금 생각해보면 그런 행동은 마음이 여린 딸아이가 분노를 표출하는 방법이었던 것 같습니다. 하지만 저는 늘 "손톱 물어뜯지 마라!"라는 부정적이고 지시적인 언어로 대안 없이 아이를 몰아세우고 닦달했습니다.

게다가 초등학교 3학년 때 또 다른 문제가 생겼습니다. 아이의 성적이 늘 60~70점으로 평균 이하였던 것입니다. 2학년 때까지만 해도 저는 성적에 대해서 별로 걱정하지 않았습니다. '성실하니까 앞으로 잘하겠지.'

하는 근거 없는 자신감이랄까요? 하지만 3학년이 되자 이러한 기대감이 무너져버렸습니다. 물론 평소에는 저도 교사의 이성으로 아이에게 이런 말을 하며 다독이고 긍정적인 힘을 불어넣어줍니다.

"괜찮아. 한 계단씩 올라가면 돼."

"하나 성공하고 또 하나에 도전해보자."

"넌 할 수 있어!"

하지만 제 아이가 설명을 이해하지 못하거나, 성적이 기대만큼 오르지 않을 때는 한순간에 폭발하곤 했습니다. 제가 느낀 불안감을 여과 없이 아이에게 퍼부었던 것입니다. 저도 모르게 말이지요. 겉으로는 우아하고 대범해 보였을지 몰라도, 제 마음속에는 수없이 많은 갈등이 부글부글 끓어올랐습니다. 당장 아이에게 무언가를 해주어야 한다는 강박관념에 시달리고 있었던 것입니다.

그 결과는? 물어뜯어서 다 닳아버린 딸의 손톱이었습니다. 아이의 분노와 억압된 심리는 그런 식으로 표출될 수밖에 없었던 것입니다. 원인은 무엇이었을까요? 다름 아닌 저, 저의 무지 때문이었지요.

'만리장성'을 '만장리성'으로 읽는 딸아이

제 딸아이는 다른 아이들보다 한글을 늦게 깨쳤습니다. 여섯 살 때부터 집중적으로 가르쳤는데도 일곱 살에 겨우겨우 한글을 떼고 초등학교에 들어갔습니다.

다음은 '두뇌가 언어를 인식하는 방법'에 관한 주제로 종종 이야기되는 글입니다.

캠릿브지대학의 연결구과에 따르면, 한 단어 안에서 글자가 어떤 순서로 배되열어 있는가 하것는은 중요하지 않고, 첫째번와 마지막 글자가 올바른 위치에 있것는이 중하요다고 한다. 나머지 글들자은 완전히 엉진망창의 순서로 되어 있지을라도 당신은 아무 문없제이 이것을 읽을 수 있다. 왜하냐면 인간의 두뇌는 모든 글자를 하나하나 읽것는이 아니라 단어 하나를 전체로 인하식기 때이문다.

맞춤법이 엉망진창인 위의 글을 잘 읽으셨나요? 한눈에 오탈자를 발견한 분도 있을 것이고, 내용을 다 읽을 때까지 이상한 점을 발견하지 못한 분도 있을 겁니다. 그럼, 다시 한 글자 한 글자 또박또박 읽어보십시오. 우리의 두뇌는 글자를 이미지로 인식하는 능력을 가지고 있어서, 잘못된 글자배열을 봐도 바르게 바꾸어 내용을 인식할 수 있다고 합니다.

그런데 제 딸아이의 문자인식 체계가 좀 남달랐습니다. 제 딸은 특이하게도 바르게 되어 있는 글자의 배열을 바꾸어 읽는 재주가 있었습니다.

예를 들면 '옥황상제'는 '옥상황제'가 되었습니다. 물론 다른 아이들도 '옥황상제'라는 말이 어렵고 '옥상'이라는 말과 '황제'라는 말을 알고 있다면 이런 조합을 종종 만들어냅니다.

그런데 제 딸아이는 전혀 연관 없는 것도 글자 배열을 바꾸었습니다. 예를 들어 TV를 보다가 만리장성이 나오면 '만장리성'으로 읽고, 경주 안압지 앞에 붙어 있는 플래카드를 보고 '압안지'라고 읽었습니다. 지금은 그 무궁무진한 언어조합 능력을 웃으면서 이야기할 수 있지만, 그 당시에 저에게는 엄청난 스트레스였습니다. 제 스트레스를 눈치 챈 걸까요? 딸아이는 엄마의 잔소리에 주눅이 들어 글을 잘 읽으려 하지 않았고, 그것이 또 다른 잔소리의 원인이 되어 악순환이 계속되었습니다.

문자인식 체계의 발달이 늦어서 그런지 모르겠지만, 아이는 한글을 터득하는 데 꽤 오랜 시간이 걸렸습니다. 그리고 초등학교 고학년이 되어서도 받아쓰기를 어려워했습니다. 그러다 보니 초등학교 3학년 때도 좋은 성적을 기대하기는 어려웠습니다. 교사로서 저는 학부모님들에게는 '아이들에게 성적은 중요한 것이 아니다. 정서적인 안정이 더 중요하다.'고 말했습니다. 하지만 엄마로서 저는 과연 제 아이들에게 그런 마음가짐을 가졌을까요?

겉으로는 우아한 척, 안달복달하지 않는 척하면서 속으로는 끓어 넘치는 분노와 좌절을 주체하지 못했습니다. 남들은 몰라도 제 딸아이는 잘 알았겠지요. 결국 저의 분노와 좌절, 무기력이 딸아이의 손톱을 그 모양으로 만들어버리고 말았습니다.

도무지 어떻게 해야 할지 모르겠다는 생각에 막막하기만 했습니다. 그렇게 갈등 속을 헤맬 때 몇 권의 책이 제게 왔습니다. 책을 보니 학습능력을 키우기에 앞서 아이의 정서적 안정과 자신감 회복이 선행되어야 한다고 나와 있었습니다. 그리고 아이들의 두뇌발달과 정서발달에 가장 중요한 것은 '운동과 예술활동'이라는 조언도 있었습니다.

늦게 배운 도둑이 날 새는 줄 모른다고, 그때 만난 책들은 저를 갈등에서 구해주었고 새로운 도전으로 이끌어주었습니다. 어쩌면 약간은 무모해 보이는 도전으로 말이죠. 저 스스로를 더 이상 표리부동한 엄마로 살게 놔둘 수는 없었습니다.

나 자신을 더 많이 믿고 더 긍정적으로

그래서 저는 아이의 문제집들을 다 치워버리고 수영과 미술, 음악활동을 하게 하였습니다. 공부 대신 그런 활동으로 방과 후 시간을 보내니 아이는 시간 여유가 생겨 학교 도서실에도 들러 책을 읽고 왔습니다. 저와 딸아이가 비슷한 시기에 책을 읽기 시작한 것입니다. 독서의 힘 때문이었을까요? 제 마음을 지배하던 조급함이 서서히 사라지고 여유와 안정감이 찾아오는 듯했습니다.

하지만 고작 책을 몇 권 읽는다고 해서 생각이 완전히 바뀔 수는 없나 봅니다. 늦게라도 한 권 한 권 읽으며 사고체계를 변화시켜가고 있던 저는, 아이의 학교성적 앞에서 백기를 들 뻔했습니다. 4학년인데 나눗셈이 50점이라니요? 두뇌발달도 좋고 정서함양도 좋지만, 50점짜리 시험지 앞에서 제 결심은 흔들리고 있었습니다. 저는 날이 갈수록 더욱 불안하고 초조해졌습니다.

'아, 어떻게 하지?'

주위 사람들은 저에게 '아이 성적이 이 모양인데 수영과 미술이 웬 말이냐?'며 다들 얼른 수학학원에 보내거나 과외를 시키라고 조언했습니다. 저도 그 말에 잠시 흔들렸으나 아무리 생각해도 그것은 아닌 것 같았습니다. 딸의 학습능력이 누군가가 주입해준다고 해서 급격하게 성장할 수 있는 것이 아니었기 때문입니다. 제 딸아이에게는 시간이 필요하다는 생각이 들었습니다. 물론 이것 역시 고작 몇 권의 책을 통해 알게 된 것이긴 하지만, 저는 다시 마음을 다잡고 그것이 옳다고 확신했습니다.

'이왕 시작한 것 흔들리지 말고 계속 가자.'

그렇게 시간이 흘러갔고, 저와 아이는 꾸준히 책을 읽었습니다. 딸아이는 학교 도서실을 들락거리며 무슨 내용인지도 모르고 아무 책이나 마구 읽는 듯했습니다. 그러더니 매일 책을 한 권씩 대출해왔고, 스스로 좋아서 읽기 시작한 책들은 그렇게 아이의 두뇌 속으로 쏟아져 들어가 자기들끼리 합종연횡하며 기본적인 지력을 만든 것 같았습니다.

5학년 후반이 되자 책을 통해 부쩍 자란 딸아이의 사고력이 드디어 결과로 나타나기 시작했습니다. 학교성적이 쑥 올라 상위권에 들어간 것입니다. 아무리 해도 안 되던 수학성적 역시 크게 향상되었습니다. 그때까지도 운동과 미술, 음악활동은 여전히 지속했습니다. 이러한 활동은 아이가 좋아하기도 했고, 성적과 상관없이 아이의 정서발달에 중요한 활동이라고 굳게 믿었기 때문입니다.

딸아이는 그전까지는 자신이 늘 '부족하고 공부 못하는 아이'라고 생각했었는데, 6학년이 되자 친구들로부터 '공부 잘하는 아이', '책을 많이 읽는 친구' 같은 긍정의 말을 듣게 되었습니다. 그 이야기를 저에게 전하며 어색하고 신기하다고 말했습니다.

딸아이의 변화와 함께 저는 저 자신을 더 깊이 믿고, 더 긍정적으로 생각해야겠다고 결심했습니다. 제가 읽었던 수많은 책들이 긍정의 힘을 노래하며 저에게 더 노력하라고 채찍질했습니다. 긍정적인 마음가짐의 중요성을 강조하는 책들은 저에게 큰 희망을 주었습니다. 모든 것이 제가 믿고 바라는 대로 이루어질 것 같은 희망 말입니다.

긍정적인 마인드를 키워 삶을 변화시키고 싶다는 생각이 더욱 간절해 졌습니다. 얄팍한 마음이 아닌 깊고 진지한 마음으로 긍정성을 키우고 싶었습니다. 자연스럽게 책도 더 열심히 읽게 되었습니다.

하지만 긍정적인 마음을 갖기 위한 이런 노력에도 불구하고, 6학년이 끝나갈 무렵까지도 딸아이의 손톱은 자라지 않았습니다. 아이는 여전히 손톱을 물어뜯고 있었으니까요. 한번 훼손된 것이 회복되기는 참으로 어려운 일인가 봅니다. 아마도 훼손될 때까지 걸렸던 시간보다 몇 배나 더 긴 시간이 필요하겠지요. 더 기다려야 했습니다.

소개하고 싶은 책
- 구글은 SKY를 모른다, 이준영, 알투스, 2014
- 니가 수학을 못하는 진짜 이유, 임익, 이지북, 2002
- 토니 부잔의 마인드맵 북, 토니 부잔 외, 비즈니스맵, 2010
- 하버드 정신의학 교수가 밝히는 뇌 1.4킬로그램의 사용법, 존 레이티, 21세기북스, 2010
- 탤런트 코드, 대니얼 코일, 웅진지식하우스, 2009
- 양육쇼크, 포 브론슨 외, 맑은숲, 2014

✒ 감사일기

··· 김연아 선수의 인터뷰는 정말 감명 깊었습니다. 어린 나이에 어떻게 저런 정신력을 가질 수 있는지 항상 부럽습니다. '지나간 영광은 다 잊고 마음을 비운다. 현재에 만족하고 최선을 다하는 것만 생각한다.'는 김연아 선수의 인터뷰에 깊이 감명 받았습니다. 감사합니다. 감사합니다. 감사합니다.

현재에 만족하고 최선을 다하기 위해서는 저 자신의 마음부터 비워야 합니다. 지나간 실패, 실수, 성공의 기억들을 모두 비워내야만 현재에 집중할 수 있다는 생각이 듭니다. 지나간 경험에서 배움을 얻음에 감사합니다. 현재의 내가 가진 위대한 장점들에 감사하고, 지금 나에게 집중할 수 있는 힘이 생겼음에 감사합니다. 감사합니다. 감사합니다.

긍정의 배신?
왜 손톱은 자라지 않을까?

"매니큐어를 칠해보는 것은 어떨까?"

중학생이 된 딸아이에게 말했습니다. 자라지도 않고 계속 닳아버리기만 하는 딸의 손톱은 저의 신경을 계속 건드렸습니다. 꾸미는 것에 관심을 가질 만한 나이가 되었으니 매니큐어라도 칠해두면 손톱을 물어뜯지 않을 것이라고 생각했습니다.

매니큐어를 칠하고 처음 몇 번은 손톱을 물어뜯지 않고 참는 듯했습니다. 하지만 이것도 소용이 없었습니다. 수년 동안 고착된 습관을 바꾸는 것이 얼마나 어려운지 실감했습니다.

이제는 자란 손톱만 물어뜯는 것이 아니었습니다. 더 심해져서 손톱 밑의 살까지 다 드러나도록 물어뜯고 있었습니다. 손톱을 1/3이나 물어뜯어서 전체적인 모양이 짜리몽땅해졌습니다. 손톱이 짧아서인지 손끝도 살이 차올라 개구리 손처럼 둥글둥글해져 있었습니다. 저는 아이의 손을 볼 때마다 무척 속이 상했습니다.

딸아이는 학업성적도 올랐고, 겉으로 보기에는 자아효능감도 되찾은 것처럼 보였습니다. 저 역시 긍정적인 마음가짐에 문제가 없었고, 딸아이도 변하고자 하는 의지가 확고했습니다.

그런데 왜? 왜 손톱은 자라지 않는 것일까요?

긍정적인 태도를 심어주는 책도, 고상한 척하며 읽었던 철학책이나 문학책도, 아이의 손톱을 자라게 해주지는 않았습니다. 제 마음속에는 긍정적인 확신이 가득했고 그냥 바쁘던 삶에도 변화가 찾아왔지만, 딸의 손톱을 쳐다볼 때마다 제 마음 깊은 곳에 숨어 있던 부정성들이 튀어나오곤 했고, 화가 치미는 것은 어쩔 수가 없었습니다. 이러한 저의 태도 때문에 딸아이는 늘 주눅 들어 있었습니다.

아파도 아프다고 말하지 못한 아이

엎친 데 덮친 격으로 중학교 1학년 여름방학 무렵, 딸아이의 얼굴에서 안면비대칭 현상이 나타나기 시작했습니다. 처음에는 저도 성장기 아이들은 자라면서 얼굴이 바뀌기도 하니까 있을 수 있는 일이라고 대수롭지

앓게 생각했습니다. 그런데 어느 순간 자세히 보니 아이의 얼굴이 많이 달라져 있었습니다.

안면이 비대칭적으로 자란 아이들은 턱관절이 많이 손상되고 턱뼈에 이상이 생길 수도 있다고 합니다. 그러면 입이 잘 벌어지지 않거나, 여러 가지 염증이 생겨 통증을 호소한다고 했습니다. 그런데 제 딸아이는 하나도 아프지 않다고 했습니다. 진짜 괜찮다고 말했습니다. 일단 아프지는 않다고 말하니 안심이 되긴 했습니다. 그런데 실상은 많이 불편하고 아팠던 것 같습니다. 단지 딸아이는 너무 잘 참아서 아픈 티를 내지 않았던 것뿐이었습니다. 가끔씩 폭발하는 저 때문에 주눅이 들어서 아파도 아프다고 말하지 못한 것 같습니다. 한참 나중에 알게 되었지만 딸아이의 턱뼈는 이미 많이 손상되어 있었습니다.

아, 무식한 엄마인 저는 그것도 몰랐습니다.

물에 빠진 사람이 지푸라기라도 잡듯이, 저는 딸아이를 데리고 이곳저곳 교정원을 찾아다녔습니다. 하지만 어디에서도 속 시원하게 해답을 주는 곳은 없었습니다. 병원에서는 교정치료로는 나을 수 없고 안면윤곽을 바꾸는 수술 이외에는 방법이 없다고 했습니다.

그 당시 저는 겉으로는 늘 웃으며 활기차게 지냈지만, 속은 새카맣게 타들어갔습니다. 모든 것이 남편 탓인 것만 같아서 남편에게 괜히 화가 치밀기도 했습니다. 여자아이 얼굴에 관한 문제이다 보니 더 예민해지고 날카로워질 수밖에 없었던 것입니다.

아주 오래 전에 저를 괴롭혔던 문제가 다시 나타난 듯했습니다. 그것은 바로 '소아 목 기울임 현상'이었습니다. 어떤 원인인지는 모르지만, 딸아이는 태어날 때 목의 오른쪽 근육이 뭉쳐 있었습니다. '소아 목 기울임 현상' 중에서도 중증이었습니다. 갓난아기 때부터 물리치료로 그 근육을 다 풀어주어야 했습니다. 생후 6개월까지 하루도 빠짐없이 물리치료를 받았습니다. 치료할 때 짧은 목의 근육을 무리하게 잡아당기다 찢어지기도 했습니다. 치료할 때마다 숨넘어갈 듯이 우는 아기를 보면서 제가 속으로 얼마나 많이 울었는지 모릅니다.

그렇게 1년 정도 지나자 목 기울임 현상은 95%까지 치료되었고 그 이후에는 정상적으로 자랐습니다. 하지만 아이가 성장하는 내내 발달에 이상이 없는지 긴장하면서 지냈습니다. 늘 조마조마한 마음뿐이었지요. 그러다 보니 제 마음속 깊은 곳에 딸아이에 대한 불안과 걱정, 부정적인 마음이 자리 잡았고, 그러한 생각들은 저를 끊임없이 괴롭혔습니다.

그런데 그 불안과 걱정은 안면비대칭으로 다시 저를 습격해왔습니다. 그 후로 딸아이와 저는 1년 넘게 병원과 교정원을 오가며 바쁜 시간을 보내었습니다. 그런 시간을 보내면서도 저는 스스로에게 괜찮다고, 다 잘될 거라고 말했습니다. 하지만 긍정은 저를 배신했습니다. 제 마음속에는 새로운 부정이 자라고 있었습니다. 대체 무엇이 잘못되었을까요? 겉으로 드러나지 않는 부정적인 마음이 제 마음속 깊은 곳에서 이렇게 속삭였습니다.

"다 잘된다고? 웃기는 소리 하고 있네. 뭐가 잘되었는데?"
"믿으라며? 원하는 대로 상상하면 다 된다며? 거짓말!"
"여기서 내가 얼마나 더 노력해야 하는 거니? 아, 이제 그만하자."

사실은 긍정이 저를 배신한 것이 아니라, 제가 먼저 긍정을 배신했는지도 모릅니다. 입으로만 긍정을 부르짖었지, 저의 부정성은 지워지지 않는 문신처럼 마음에 박혀 꼼짝도 하지 않았습니다. 그런 뿌리 깊은 부정성 때문에 긍정은 제 가슴속 어디에도 들어오지 못했던 것 같습니다.

그뿐 아닙니다. 제 인생에 문제가 자식문제뿐이었겠습니까? 수많은 인간관계 속에서 이런저런 문제들이 끊이지 않자 긍정에 대한 불신감은 극에 달했습니다. 세상을 둘러싸고 있는 모든 불합리를 감추려는 하나의 속임수, 사기 같다는 생각까지 들었습니다. 게다가 저의 과도하고 맹목적인 '긍정찬양'은 오히려 정반대의 감정인 불안과 부정성을 더 증폭시켰습니다. 작용과 반작용이 동시에 일어난 것입니다. 뉴턴의 '물리학 법칙'이 마음의 문제에도 적용된다는 것을 그때 처음 알았습니다.

마음의 갈등을 해결하기 위해 저는 또다시 책을 찾아 읽었습니다. 그 책들은 제가 긍정적으로 생각하지 않았기 때문에 그런 결과가 일어난 것이라고 했습니다. 제가 부정적인 감정을 가졌기 때문이라는 것이지요. 심지어 어떤 책에서는 나쁜 것은 보지도 말고 끊임없이 좋은 감정만 흘러들게 하라고 조언했습니다. 저의 부정적인 생각과 마음속 갈등이 마치 제가 부정적인 뉴스를 많이 보고, 남을 험담하거나 시기하며, 쉽게 분노하고, 부정적인 기운이 많은 곳에 있었기 때문에 일어난 결과라는 것입니다. 많은 책들은 저에게 '당신에게 일어나는 모든 일들은 당신 탓이다.'라고 했습니다.

이런 내용을 접하자 가슴이 더 답답하고 먹먹했습니다. 정말 저는 입으로만 '긍정적으로 살아야지.' 결심하고 행동은 부정적으로 했을까요? 어떤 자기계발서는 모든 문제의 해결책을 자기반성으로 몰아가고, 스스로의 감정을 감시하게 만들기도 합니다. 긍정적으로 생각해야 한다는 강박으로 끊임없이 자아를 공격하기도 하지요. 우리의 자아는 분명히 공격할 대상이 아님에도 불구하고, 오로지 긍정성만 믿고 그것에 반하는 감정을 무시합니다. 꿈꾸고 상상하면 이루어진다고 믿는 것 역시 결과적으로 자아를 밀어붙여 힘들게 만듭니다. 그런 이야기를 읽고 저는 잠시 위안을 받기도 했습니다.

어쨌거나 저는 한동안 제 내면과는 정반대로 사람들에게 "좋게 생각하면 다 잘될 거야."라고 말했습니다. 굳이 남들에게 부정적인 말을 할 필요는 없었으니까요. 남들에게는 어떻게 들릴지 몰라도, 당시 저에게는 몹시 슬픈 말이었습니다. 그렇게 긍정과 부정을 오가는 사이 저 자신이 나아가던 지향점을 잊어버린 듯했습니다. 어디로 가야 할지 몰랐습니다.

고은 선생님의《순간의 꽃》중 어느 시편에 '노를 젓다가 노를 놓쳐버렸다.'는 구절이 있습니다. 노를 놓치고 비로소 넓은 물을 돌아다보게 되었다는 이야기입니다. 하지만 제 눈에는 아직 넓은 물이 보이지 않았고, 그저 손에 쥐고 있던 노만 놓쳐버린 듯했습니다.

🐫 소개하고 싶은 책
• 무지개 원리, 차동엽, 국일미디어, 2012
• 긍정의 배신, 바버라 에런라이크, 부키, 2011
• 에너지 버스, 존 고든, 쌤앤파커스, 2007
• 꿈꾸는 다락방, 이지성, 국일미디어, 2007
• 이기는 습관, 전옥표, 쌤앤파커스, 2007
• 순간의 꽃, 고은, 문학동네, 2001

… 나에게 주어진 상황은 변하지 않습니다. 일어날 일은 일어납니다. 하지만 우리가 어떤 선택을 하느냐에 따라 그 결과는 달라집니다. 내 마음 속에는 언제나 '긍정을 선택하기'가 자리 잡고 있습니다. 이렇게 마음먹고 나니 상황을 받아들이기가 쉬워졌습니다. 감사합니다. 감사합니다. 감사합니다.

… 오늘도 나는 Good을 선택했습니다. Good을 선택할 수 있었던 나의 용기에 감사합니다. 감사합니다. 감사합니다. 주어진 상황이 좋든 나쁘든 언제나 새로운 기회로 여기고 감사하면서 준비할 수 있는 나에게 감사합니다. 감사합니다. 감사합니다.

… 감사일기를 통해서 얻고자 하는 것은, 아름답지 않은 것을 아름답다고 말하면서 감사하고 나를 속이는 것이 아닙니다. 아름답지 않은 것이 주는 깨달음을 통해 더 나은 세상으로 나아가는 감사를 느끼는 것입니다. 감사일기를 매일매일 작성하면서 내가 더 밝아지고 지혜로워짐에 감사합니다. 감사합니다. 감사합니다.

생각은 그만!
감사일기로 액션을 시작하다

저는 책을 통해서 세상을 좀 더 깊고 넓게 바라보고 싶었습니다. 그러면 더 많은 것을 깨달을 수 있을 거라 생각했습니다. 정신없는 속도로 질주하는 세상의 모든 변화를, 제가 이해하는 방식으로는 알 수가 없었습니다. 책이 그것을 가능하게 해줄 거라고 믿었습니다.

　시이불견 청이불문
　視而不見 聽而不聞

'보아도 보이지 않고, 들어도 들리지 않는 것.'
제가 딱 그랬습니다. 늘 보고 있지만 보지 않았던 것입니다. 알아야 보

44

입니다. 그래서 알고 싶었습니다. 또한 머릿속에 아집이 가득 찬 채 나이만 먹고 싶지는 않았습니다. 나이를 벼슬처럼 여기거나 닳고 낡아버린 채 늙고 싶지도 않았습니다. 새로운 것을 수용할 수 있는 사람으로 성숙해지고 싶었습니다.

그러나 책읽기 또한 저는 시청視聽만 하고 있었습니다. 고작 몇 글자 더 알게 되어 교만만 늘었습니다. 책을 꾹꾹 눌러 읽지도 않았고, 가슴에 박히게 읽지도 않았으며, 또한 책에서 받은 감동에 전율하며 잠 못 이룬 적도 없었습니다. 없는 시간을 쪼개어 정말 열심히 읽고 또 읽었음에도 불구하고, 그저 읽으나 마나 한 독서였던 것 같습니다. 달달 외우고 시험 치면 끝나는 그런 독서, 얄팍한 의도를 가지고 필요한 것만 취한 독서였기에 제 마음에 자리를 잡지 못하고 그저 스쳐지나간 것이었습니다.

책을 통해서 제 사고체계가 변화했고 머릿속에 들어온 지식과 정보는 늘어갔지만, 제 마음은 늘 불안했습니다. 책으로 배운 지식을 삶에 제대로 적용하려면, 마음의 중심에 흔들지 않는 무엇인가가 있어야 했습니다.

심부재언 시이불견
心不在焉 視而不見
청이불문 식이부지기미
聽而不聞 食而不知其味

'마음이 있지 않으면 보아도 보이지 않고, 들어도 들리지 않고, 먹어도 그 맛을 알지 못한다.'라는《대학》의 한 구절입니다. 저에게 시청이 견문이 되려면 앞부분에 있는 '심부재언心不在焉'이 붙어야만 한다는 사실을 뒤늦게 깨달았습니다.

심부재언, '마음이 있지 않으면'이라는 뜻입니다.

마음? 내 마음속에 무엇이 있어야 제대로 보고 들을 수 있을까요? 제 마음을 들여다보니 분노, 두려움, 즐거움, 슬픔, 기쁨, 허세, 행복 등 너무 많은 감정들이 욕망과 뒤엉켜 있었습니다. 이러한 제 감정을 추스르지 못하니, 보고도 볼 수 없고 들어도 제대로 들을 수 없었던 것입니다.

마음을 외부와 연결해주는 자기대화

분노와 슬픔, 두려움에 떨고 있는데 어떻게 외부세계의 아름다움이 눈에 들어오겠습니까? 마음세계와 외부세계를 연결해줄 저만의 자기대화가 필요했습니다. 맨 앞에서 이야기했듯이, 저는 자기대화의 한 방편으로 아주 작은 선택을 했습니다.

그것은 바로 '감사하기'입니다. 내면에 꽉 차 있는 알 수 없는 감정들을 감사, 사랑, 아름다움으로 대체하고 싶은 욕망이 일어났습니다. 물론 원한다고 해서 곧바로 이루어지는 것은 세상에 없습니다. 거저 얻어지는 것 역시 아무것도 없지요. 감사나 사랑을 느끼는 일에도 연습이 필요했습니다.

감사하기를 어떻게 연습하지?
그래, 매일 감사일기를 쓰자!

처음부터 감사일기가 제 삶에 쉽게 자리 잡았던 것은 아니었습니다. 당연히 처음에는 저 자신과의 대화 역시 원활하게 이루어지지 않았습니다. 물론 감사의 힘을 믿었지만, 감사라는 감정을 제 마음에 그렇게 쉽게 심을 수는 없었습니다. 딸아이와 함께한 힘든 나날들 때문이었을까요. 아니면 학생들에게 지도했던 감사일기 쓰기 활동이 실패로 끝났기 때문일까요(이 이야기는 뒤에서 더 자세하게 말씀드리겠습니다). 간간이 써오던 감사일기를 한동안 중단하기도 했고, 가슴속에 간직하려 했던 감사의 마음도 점점 사라지고 있었습니다.

하지만 그러한 시도가 아무 의미 없었던 것은 아니었습니다. 긍정과 부정이 줄다리기를 하는 가운데 저는 감사일기를 더욱더 세심하게 다듬어 제 내면과 외부세계를 연결했고, 저 자신과 대화하기 나누기 시작했습니다.

이철수 작가님의 '가난한 머루송이에게'라는 작품을 보면 작가가 '겨우 요것 달았어?' 하고 묻자 포도송이는 '최선이었어요.' 하고 대답합니다. 이어지는 작가의 말은 '그랬구나. 몰랐어. 미안해.'입니다. 저 역시 이제는 그 포도송이가 최선을 다했음을 보게 되고 몰라준 것을 미안해할 줄 알게 되었습니다. 아마도 감사일기를 꾸준히 썼기 때문일 것입니다.

'감사하기'는 감사일기를 통해 실천으로 옮겨졌고, 감사일기를 쓰면 쓸수록 제 마음은 크게 변화했습니다. 감사의 눈으로 세상을 바라보니 온 세상이 저에게 행운을 가져다주는 것처럼 보이기 시작했습니다. 그렇게 감사일기는 제 인생에 날실이 되어갔습니다.

🐦 소개하고 싶은 책
- 나무에 새긴 마음, 이철수, 컬쳐북스, 2011
- 감사의 힘, 데보라 노빌, 위즈덤하우스, 2008
- 생각 버리기 연습, 코이케 류노스케, 21세기북스, 2010
- 멈추면, 비로소 보이는 것들, 혜민, 쌤앤파커스, 2012
- 나는 읽는 대로 만들어진다, 이희석, 고즈윈, 2008

감사일기

… 쥘 베른의《80일간의 세계일주》처럼 밴드에서 다른 이들과 80일간 쉬지 않고 감사일기를 쓰고 공유할 수 있었음에 감사합니다. 감사일기로 나의 세계를 한 바퀴 돌고 나니 나의 생각과 세상을 바라보는 관점이 많이 바뀌었습니다. 감사합니다. 감사합니다. 감사합니다.

… 감사일기를 지속할 수 있었던 나의 노력과 의지력에 감사합니다. 감사합니다. 감사합니다. 덕분에 나의 정신과 심장이 강해짐과 동시에 유연해졌습니다. 진심으로 감사합니다. 감사합니다. 감사합니다.

긍정적인
말의 힘

'오는 말이 고와야 가는 말이 곱다.'

엥? 5학년 시험지를 채점하다 학생이 쓴 답을 보고 웃음이 났습니다. 이건 분명히 오답이었습니다. 발견하셨나요? '오는' 것과 '가는' 것의 순서가 바뀐 것을.

주어진 지문의 내용과 관련된 속담을 쓰는 것이 문제였는데, 그 아이가 지문을 정확하게 이해하지 못해서 오답을 썼나 보다 하고 생각했습니다. 그런데 다른 반 아이의 답안지에서도 이런 답이 나왔습니다.

가는 말이 고와야 오는 말이 곱습니다. 영어표현 중에 'give and take' 라는 말도 있지요. 주는 게 먼저입니다. 말이든 행위든 물건이든, 내가 먼저 주어야 돌려받을 수 있습니다. 그 아이가 처음부터 속담을 잘못 익힌 것이었을까요? 저는 왜 이렇게 적었는지 궁금했습니다.

"친구가 먼저 고운 말을 해주어야지 나도 하는 것 아닌가요?"

그 아이는 왜 당연한 것을 물어보는지, 그리고 자신의 답이 왜 틀렸는지 모르겠다는 표정이었습니다. 가는 것과 오는 것이 바뀐다고 해서 의미가 달라지느냐고도 반문했습니다. 고작 열두 살짜리 아이니까 그 의미를 이해하지 못해도 그러려니 하고 넘기려 했지만, 한편으로는 답답함이 가득 찼습니다.

그렇습니다. 요즘은 집집마다 자녀가 한두 명뿐이라서 아이들이 대체로 자기중심적입니다. 그러니 남이 먼저 나에게 주지 않으면 나도 남에게 주지 않습니다. 아이들은 먼저 베푸는 것에 점점 더 인색해지고 있지요. 어쩌면 그 오답은 요즘 아이들의 마음체계에서 일어나고 있는 현상이 언어로 드러난 결과일 뿐인지도 모릅니다.

교사로서 저는 이런 아이들의 마음에 어떤 배움이 일어나게 해주어야 하나 고민하게 되었습니다. 가는 말이 먼저 고와야 오는 말도 곱다는 인생의 진리를, 아이들에게 어떻게 알려주어야 할까요? 많은 생각들이 오갔습니다. 게다가 요즘 아이들의 언어파괴 현상이 얼마나 심각한지 모릅니다. 욕은 기본이고 축약되고 생략된 비속어, 조어들이 외국어와 함께 마구 뒤엉켜 있습니다. 외계어가 따로 없습니다.

예전에 TV에서 '말의 힘'이라는 다큐멘터리를 본 적 있는데, 말에도 많은 에너지와 영향력이 담겨 있다는 것을 알려주는 좋은 내용이었습니다. 우리가 사용하는 언어들이 가지는 '에너지'에 대해 여러 가지 생각을 할 수 있었습니다. 언어는 알게 모르게 우리의 행동을 지배합니다. 우리가 매일 내뱉는 말이 우리의 행동을 지배하는데도 사람들은 그 사실을 모른 채 아무 말이나 막 뱉으면서 살아갑니다.

예일대 사회심리학자인 존 바그John Bargh 교수에 따르면, 보이지 않는 언어의 힘은 너무도 강력하다고 합니다. 우리가 특정 단어의 자극에 노출되면 뇌의 어느 부분이 행동할 준비를 합니다. 특정 단어의 의미에 따라 뇌가 움직인다는 것입니다. 예를 들어 '움직이다'라는 동사를 읽으면 뇌는 무의식적으로 움직일 준비를 합니다.

그것을 보고 난 후, 저는 언어가 가지는 힘이 더욱 궁금해졌습니다. 과연 우리 반 아이들은 어떤 단어에 반응하고, 어떤 단어를 더 많이 기억할까? 간단한 실험에 돌입했습니다.

먼저 50가지 단어를 제시했습니다. 긍정적인 말과 부정적인 말, 욕설까지 섞인 다양한 단어 집합입니다. 50가지 단어를 보여준 후에 기억나는 단어를 말해보라고 했습니다. 아이들이 가장 많이 기억한 단어는, 또래 아이들이 자주 사용하는 욕설이었습니다. 그 외에 기억해낸 단어들은 80% 정도가 부정적인 단어들이었습니다.

부정적인 단어를 훨씬 더 쉽게 기억하는 이유는 우리의 두뇌작용 때문입니다. 욕설이나 부정적인 의미를 가진 단어들은 감정을 주관하는 변연계를 활성화시키고, 그로 인해 기억에 관련된 부분 또한 자극을 받기 때문에 기억을 더 잘하게 된다고 합니다.

그러나 다행히 긍정적인 단어 중에도 아이들이 가장 많이 기억해준 것이 있었습니다. 바로 '사랑'이었습니다. 아이들의 마음속에는 사랑받고 싶은 욕구가 있고, 사랑을 향해 가고 싶은 욕구가 있었습니다. 물론 이것은 제 마음대로 내린 결론이긴 합니다.

저는 아이들에게 긍정적이고 아름다운 단어를 좀 더 많이 접하게 해주고 싶었습니다. 아름답고 좋은 단어를 아이들의 뇌에 노출시키는 것, 그것이 교사로서 제가 해야 할 일이었습니다.

한번은 아이들에게 '좋은 단어 적어오기'라는 과제를 내주었는데, 처음에는 반응이 영 시원찮았습니다. '좋은'이라는 말이 애매모호했는지 돈, 부자, 갑부 같은 단어를 적어온 아이들도 있었습니다. 물론 돈이나 부자가 나쁘다는 뜻은 아닙니다. 자본주의 사회에서 부자가 된다는 것은 개인의 가치관에 따라 얼마든지 중요하고 좋은 일이 될 수 있으니까요.

하지만 제가 처음에 정의한 '좋은 단어'의 의미와는 약간 달랐습니다. 그렇다고 해서 아이들이 찾아온 단어를 무시할 수는 없어서, 어떻게 정리해야 하나 고민했습니다. 곰곰이 생각한 끝에 저는 한 가지 방법을 찾아냈습니다. 부자나 갑부 같은 단어 앞에 수식어를 붙여보라고 했습니다. 아이들이 붙인 수식어는 제가 상상도 못한 멋진 말들이었습니다.

깨끗한, 따뜻한, 기부하는, 멋진, 함께하는, 도와주는….

아이들의 예쁜 마음을 그대로 보여주는 수식어들이 앞에 붙자, '함께하는 부자', '남을 도와주는 갑부' 등으로 제가 원하는 '좋은 단어'가 완성되었습니다.

감사, 축복, 행복, 지혜, 배려, 풍요, 사랑, 우정,
행운, 집중, 겸손, 봉사, 기부, 열정, 끈기, 미소,
사려, 인내, 침착, 자비, 근면, 상냥함, 성실, 온화함,
기쁨, 소신, 자율, 친절, 싱그러움, 자유, 신뢰, 웃음….

아이들과 함께 생각해낸 좋은 단어는 여기에 다 열거하지 못할 정도로 많아졌습니다. 앞에서 말한 '말의 힘' 다큐멘터리는, 실험을 통해 사랑과 긍정의 단어가 주는 에너지를 눈으로 확인할 수 있게 해주었습니다.

《물은 답을 알고 있다》라는 책을 보면 물의 결정들은 우리가 사용하는

말에 의해 모양이 변화한다고 나옵니다. 긍정적인 단어를 보여준 물은 아름다운 결정을 만들고, 욕이나 비난 같은 부정적인 언어를 들은 물은 날카롭고 찌그러진 결정으로 바뀌었습니다. 그 책의 내용과 사진들을 보면, '에이, 말도 안 돼.' 하는 생각보다는 말이 만들어내는 놀라운 에너지에 대해 다시금 경건하게 돌아보게 됩니다.

말이 씨가 된다.
말에도 힘이 있다.
가는 말이 고와야 오는 말이 곱다.
말 한마디에 천 냥 빚도 갚는다.

처음에는 아이들을 교육하고자 하는 마음에서 좋은 단어 찾기를 시작했지만, 결과적으로 그 활동은 제 인생을 뒤흔든 계기가 되었습니다. 제가 평소 사용하는 언어에 대하여 진지하게 생각할 수 있었기 때문입니다. 그 후로 저는 더욱 정제된 언어를 사용해야겠다는 의지를 다졌습니다. 뿐만 아닙니다. 말의 힘을 알게 된 덕분에 저는 더욱 힘을 내서 감사일기를 썼습니다.

좋은 단어에 자주 노출되는 것만으로도 우리는 긍정적인 에너지를 얻을 수 있습니다. 감사일기는 감사함에 대해 쓰는 것이기 때문에 욕설이

나 비난의 말을 섞어가면서 쓸 수 없습니다. 그래서 감사일기 속에는 아름답고 긍정적인 언어가 가득합니다. 그러한 긍정언어에 노출되면 쓰는 사람은 자연스럽게 긍정의 힘을 키울 수 있습니다.

감사일기를 쓰면 쓸수록 저는 단어가 주는 힘, 말의 힘에 깜짝깜짝 놀라곤 합니다. 제가 썼던 긍정과 감사의 언어들이 부메랑처럼 저에게 다시 돌아오고, 제가 뿌린 긍정적인 말의 씨앗들이 무럭무럭 자랐기 때문입니다. 또한 대차대조표가 정확히 맞아떨어지지 않을지는 몰라도, 말 한마디에 천 냥 빚도 갚듯이, 제 말 한 마디 한 마디가 그대로 이루어지기도 했습니다.

🐦 소개하고 싶은 책
- 물은 답을 알고 있다, 에모토 마사루, 더난출판, 2008
- 흥하는 말씨 망하는 말투, 이상헌, 현문미디어, 2011
- 우리말의 비밀, 이승헌, 한문화, 2013
- 겐샤이 : 가슴 뛰는 삶을 위한 단어 수업, 케빈 홀, 연금술사, 2013
- EBS 다큐프라임 기억력의 비밀, EBS 다큐프라임 '기억력의 비밀' 제작진, 북폴리오, 2011

… 1만 번 이상 하는 말이 현실로 이루어질 수 있음을 매 순간 기억하고, 한 마디 한 마디를 기도하듯 할 수 있음에 감사합니다. 감사합니다. 감사합니다.

… 우리 반 아이들에게 화가 나는 순간도 있지만 그런 순간을 지혜롭게 극복하는 나 자신에게 감사합니다. 아이들에게 '긍정적인 말'이라는 좋은 씨앗을 뿌리는 나의 입에 감사합니다. 감사합니다. 감사합니다.

알면 보이고
보이면 감사하고

좋다. vs. 나쁘다.

여러분은 이 두 가지를 어떻게 구분하십니까? 나에게 이익이 되면 좋은 것이고 나에게 손해를 주면 나쁜 것인가요? 그런 유치한 구분은 초등학생들이나 하는 것이라고요? 부끄럽지만 어른들도 그런 식으로 구분하는 경우가 무척 많습니다.

저는 아이들에게 도덕적인 가치판단의 기준에 대해 이야기할 때 교과서의 내용이나 신문 사회면에 나오는 여러 가지 미담을 들려주곤 합니다. 그런 이야기를 들으면서 아이들은 가치판단에 대해 배우지요. 저는 아주 단순하게 '좋다'는 말은 '조화롭다'라는 의미와 연결 짓고, '나쁘다'는 '나뿐이다'라는 의미와 연결해 설명합니다. 그것이 정답이라는 말은 아니고 그렇게 구분해보면 어떨까 하고 아이들에게 제안하는 것입니다. 다른 이들과 함께 더불어 살며 세상이 좀 더 조화로워지도록 하는 행위는 좋은 행위, 반대로 오로지 나쁜인 세상, 나만 아는 것, 나에게만 득이 되는 이기적인 행동, 나 혼자만 가지는 것, 나 위주로 이루어지는 것 등은 나쁜 행위로 규정하자는 것입니다.

이렇게 아이들과 함께 좋다와 나쁘다를 규정하고 하루 일과를 시작하면, 그날 일어나는 여러 가지 갈등상황을 비교적 쉽게 해결할 수 있습니다. 아직 아이들이다 보니 초등학교 교실에서는 참 다양한 갈등이 벌어집니다. 아주 사소한 것부터 큰 문제까지 말이지요. 그런데 아이들의 판단기준이 명확해지면 답도 명쾌해집니다. 굳이 저까지 나서서 시시비비를 가리지 않아도 금방 해결됩니다.

> 나는, 우리는, 어른들은
> 좋은 사람인가, 나쁜 사람인가?
> 나는 조화롭게 사나,
> 나쁜인 삶을 사나?

여러분은 어떤가요? 김승호 작가님은 《돈보다 운을 벌어라》에서 '얌체'에 대해 설명하면서 '처벌할 수 없는 죄가 더 무겁다.'고 했습니다. 처벌을 받지 않으니 죄가 끊임없이 저질러지고 많은 사람들을 괴롭히지만 막을 방법이 없기 때문입니다. 이런 죄를 짓는 사람을 '얌체'라고 정의했습니다. 얌체는 악행을 저질러도 남의 눈에 띄지 않고, 죄의식을 느끼지 않은 채 평생 얌체 짓을 합니다. 인간이 저지르는 보이지 않는 얌체 짓은 하늘이 싫어하는 악행입니다.

더불어 그 책에는 운이 나쁠 수밖에 없는 세 부류의 사람에 대해 나옵니다. 간단히 소개하면 이렇습니다.

첫째, 오만한 사람, 스스로가 몹시 잘났다고 생각하는 건방진 사람입니다. 꽉 막혀 있는 사람이지요. 둘째, 남을 비웃는 사람, 깔보는 사람입니다. 모든 종교, 법, 의학, 문학, 예술에서도 '하늘 아래 인간보다 더 귀한 존재는 없다.'고 하는데, 이런 사람은 자신이 잘났다고 생각하기 때문에 남을 깔보는 것입니다. 그리고 마지막으로 셋째가 가장 나쁜 사람인데, 바로 '사람을 보지 않는 사람'입니다. 왜냐하면 상대방을 보지 않으면 그의 존재 자체가 없는 것이 되기 때문입니다. 내가 봐야만 그 사람이 존재하는데, 상대방의 존재 자체를 부인하는 것입니다.

이제까지 저는 저 스스로를 좋은 사람이라고 생각하며 살았습니다. 마음속에 여러 가지 갈등이 있긴 하지만, 그것을 밖으로 드러내어서 남을 해치거나 괴롭힌 적은 없다고 생각했습니다. 하지만 어쩌면 그것은 저만의 생각이었을지도 모릅니다.

우리가 흔히들 말하는 얌체는 정말 밉상이고 염치없는 사람입니다. 하지만 경찰에 신고할 수는 없는 사람이지요. 이런 사람들은 어디에나 존재합니다. 그리고 그들로부터 우리는 크고 작은 상처를 받습니다. 그런데 간혹 자신이 상처받았다고 생각하는 사람들도, 까놓고 보면 어떤 순간에는 얌체 짓을 해서 다른 사람에게 상처를 주기도 합니다. 남으로부터 받는 상처는 내가 준 상처를 되돌려 받는 것뿐입니다.

저는 얌체일까요, 아닐까요? 이 문제를 반성하려면 책을 한 권 더 써야 할지도 모르겠습니다. 저도 모르는 사이에 남을 무시하거나 비꼰 적은 없었을까요? 말투와 눈빛으로 누군가에게 상처를 주지는 않았을까요? 부끄러워집니다. 남에게만 그런 것이 아닙니다. 저 자신을 무시하고 하대하고 비난한 적은 없을까요? 저는 긴 시간 동안 저 자신을 많이 무시해왔다는 것을 깨달았습니다. 제가 저에게 던진 상처 역시 부메랑처럼 다시 돌아옵니다.

저는 감사일기를 쓰면서 저 자신과 대화를 많이 할 수 있었습니다. 그렇게 마음세계와 외부세계가 연결되면서 그동안 간과하고 살았던 많은 것을 깨닫게 되었지요. 감사일기로 자기대화를 하면 할수록 저는 스스로가 얌체인지 아닌지 반성했고, 남은 물론이고 저 자신에게도 상처주지 않으려고 노력하게 되었습니다.

말 한마디로 모든 것을 얻거나 잃거나

100 − 1=0

'깨진 유리창 법칙'이라는 말을 들어보았을 것입니다. 경영학이나 범죄학에서 많이 인용되는 법칙입니다. 100−1=0은 100가지를 다 잘했어도 사소한 하나를 놓치면 결국 모든 것을 잃게 된다는 뜻입니다.

저는 평생 성실히 살았습니다. 100의 노력을 다 했다고 자부하며 살았지요. 그런데 단 하나를 놓쳐서 그 모든 노력을 0으로 만들었다는 사실을 알게 되었습니다. 그 하나가 뭘까요?

말입니다. 제 말투 말입니다. 저는 평소에는 모든 것을 포용할 듯 부드럽고 상냥하게 말하지만, 결정적인 순간에 퉁명스럽고 짜증 섞인 말투가 튀어나옵니다. '노'라고 부르짖는 날카롭고 비난 섞인 말투이지요. 돌이켜보니 남들이 충분히 불편했을 만한 뉘앙스의 말도 자주 했습니다.

말은 혼자서 하는 게 아닙니다. 인간관계 속에서 존재할 때만 의미를 갖습니다. 그런데 저의 말과 말투는 인간관계를 무너뜨리기에 충분했습니다. 정제되지 않은 거친 표현들이 듣는 사람의 얼굴을 찌푸리게 했고, 순화되지 않은 말은 저 스스로에게도 상처를 주었습니다.

하지만 그런 점을 알고 난 후로 바꾸어가기 위해 노력하고 있습니다. 감사일기를 쓰면서 하루 동안 제가 어떤 말을 했는지 돌아봅니다. 문학은 '글로 표현된 음악'이라고 하지요. 감히 저의 거친 말과 글을 위대한 문학작품과 견줄 수는 없겠지만, 시끄럽고 불편한 제 음악을 상대방의 마음을 편안하게 해주는 음악으로 바꾸려고 노력합니다.

그런데 감사일기를 꾸준히 쓰다 보니 어느 순간 한계가 느껴졌습니다. 감사일기를 쓰면서 제 주변 상황과 사람들에 대해 감사를 느끼고 축복하는 건 좋지만, 제가 가진 생각의 깊이와 폭은 늘 그 자리였던 것입니다. 감사일기를 통해 감사함을 많이 느끼면 정서적으로 안정되고 일상의 스트레스가 확 줄어드는 것은 사실이지만, 세상을 바라보는 시각이 넓어지거나 깊어지는 것은 아니었습니다. 그저 지금의 수준 이상도 이하도 아닌 상태가 유지되는 것뿐입니다.

세상은 사람과 사람이 서로 기대고 에너지를 주고받으며 살아가는 곳입니다. 다른 사람들이 어떻게 살고 있는지, 무엇을 보고, 어떤 생각을 하는지를 알아야 세상을 보는 안목이 높아지고 본질에 다가갈 수 있습니다. 세상은 과연 어떤 힘에 의해 돌아가는 것일까요? 누구나 세상에 대해 궁금한 것이 많겠지만, 그중에서도 저는 자연은 어떻게 이루어졌는지, 그 많던 꿀벌들은 다 어디로 사라졌는지 알고 싶었습니다.

제 마음속에 감사함을 만들어내려면, 그리고 제가 느낀 감사가 행운이 되려면, 사람을 열심히 바라봐야 했습니다. 앞에서 가장 운이 나쁜 사람이 '사람을 보지 않는 사람'이라고 이야기했던 것 기억하시죠? 인간에게 관심을 가져야 합니다. 자연에도 관심을 가져야 하고, 우리의 삶을 풍요롭게 만들어주는 주변의 모든 사물들에 대해 알아야 합니다.

주변의 모든 사람과 사물을 알기 위해서는
더 많은 경험이 필요하고,
책을 더 많이 더 깊이 읽어야 했습니다.

'사랑하면 알게 되고, 알면 보이나니, 그때 보이는 것은 전과 같지 않으리라.' 유홍준 선생님은 《나의 문화유산답사기》에서 조선시대 한 문인의 글을 인용해 소개합니다. 제가 만약 그 책을 읽지 않았다면, 경복궁 근정전 앞마당에 박석이 왜 깔려 있는지, 그 물길이 얼마나 아름다운지, 우리 조상들이 얼마나 슬기로웠는지를 어떻게 알 수 있었을까요? 책을 읽고 알게 되었기 때문에 근정전에 가서 발밑에 깔린 박석을 눈여겨볼 수 있었고, 조상들의 슬기에 감사할 수 있었습니다. 우리의 것을 더욱 사랑하게 된 것이지요. 이렇듯 아는 게 많아지면 보이는 것도 많아지고, 당연히 사랑하는 것도 많아집니다.

책을 읽고 알게 되면 보이지 않던 것들도 보입니다. 보이면 감사하게 되지요. 지금 보이는 것이 예전과 같지 않습니다. 모든 것이 그저 감사할 따름이지요. 독서를 통해 알게 된 지식은 세상에 대한 감사가 되었고, 감사일기를 더 열심히 쓰게 만드는 연료가 되었습니다. 제 경우에는 감사일기를 쓰면 쓸수록 세상에 대한 호기심이 많아져 책을 더욱 열심히 읽게 되었지요. 이렇게 독서와 감사일기는 함께 선순환의 고리를 만들면서 무르익는 중입니다.

불안과 초조가
기다림의 여유로

늘 "바쁘다."를 입에 달고 살던 저에게서 어느새 그 말이 사라졌습니다. 불안하고 초조한 마음, 급하게 뭔가를 해야 하는 조급증이 사라졌기 때문입니다.

알게 되었고 보게 되었기 때문일까요? 그래서 기다릴 수 있게 된 것이 아닐까요? 제 마음속에 여유와 기다림이 생기긴 했지만, 그렇다고 해서 실제 제 생활이 아주 여유로워진 것은 아닙니다. 학교에서나 집에서나 예전보다 하는 일이 더 많아졌습니다. 그럼에도 불구하고 감사일기를 쓴 이후로 저는 바쁘다는 말을 거의 하지 않습니다. 마음이 바쁘지 않으니까요. 마치 시간이 마법을 부리는 것 같았습니다. "바빠 죽겠다."를 외치며 종종거리지 않아도 시간 내에 일이 다 해결되었습니다.

"엄마, 손톱깎이 어디 있어요?"

"뭐하게? 발톱 깎는 건 저기 위에 있잖아."

"아뇨, 손톱 깎으려고요."

오잉? 손톱을 깎는다고?

제가 감사일기에 빠져 있는 동안에 살피지 못했던, 아니 잊고 있었던 딸아이의 손톱이 자라고 있었습니다. 놀라웠습니다. 무슨 변화일까요? 이유야 무엇이든 간에 무척 고마웠습니다. 저는 그저 제 생활에 집중하면서 감사일기를 쓰고 독서하고 공부했을 뿐인데, 딸아이의 마음에 저절로 변화가 왔습니다.

딸아이는 고등학교에 들어가기 전, 중학교 3학년 늦가을부터 감사일기에 관심을 가지고 간간이 쓰기 시작했습니다. 제가 시킨 것은 아니고 매일 감사일기를 쓰는 엄마를 보면서 자신도 써봐야겠다고 생각한 모양입니다. 처음에는 제가 경험한 것을 이야기해주면서 방법을 알려주었습니다.

감사에 대한 생각을 가지고 고등학교 생활을 시작해서인지, 아이는 입학식 첫날부터 자신의 학교를 무척 사랑했습니다. 길어도 너무 긴 교복 치마도 사랑했고, 규정대로 자른 짧은 머리도 사랑했습니다. 선생님들도 친절하시고, 친구들도 욕하는 아이들이 없다며 좋아했습니다. 학교의 장점만 찾는 사람처럼 보일 정도였습니다.

그러던 어느 날 딸아이가 한 가지 불평을 이야기했습니다. 학교 독서실 좌석을 배정하는데, 자신의 학교는 성적순으로 하지 않는답니다.

"다른 학교들은 거의 다 성적순으로 자리를 배정해주는데, 우리 학교는 추첨이래. 성적순으로 하면 나도 좋은 자리에 앉을 수 있는데."

아쉬워하며 불만을 털어놓았던 딸아이는 하루도 지나지 않아 마음을 바꾸었습니다.

"엄마, 우리 학교는 공교육의 기본정신이 살아 있는 멋진 학교 같아. 희망하는 모든 학생들에게 공평하게 기회를 주잖아?"

딸아이는 자신이 그런 학교에 다녀서 감사하다는 말까지 덧붙였습니다. 자신의 입장에서만 문제를 바라보던 아이가 전체를 보는 시각을 가지게 되었습니다. 듣고 보니 정말 그랬습니다. 성적순으로 자리를 주는 것보다는 무작위로 추첨해서 기회를 주는 게 더 공평한 것이 아닌가요? 비록 성적이 좋은 딸아이의 입장에서는 살짝 서운할 수도 있겠지만, 저와 제 딸아이는 함께 고개를 끄덕이며 모든 학생들에게 공평하게 기회를 준 선생님과 학교에 진정으로 감사함을 느꼈었습니다.

그런데 신기하고 놀라운 일이 벌어졌습니다. 이런 감사한 태도 덕분이었을까요? 얼마 지나지 않아 제 딸아이는 생각지도 않았던 행운으로 좋은 자리를 배정받았습니다.

감사일기 덕분에 저도 많이 달라졌지만, 제 딸아이의 생활에도 변화가 왔습니다. 놀랍게도, 그렇게 바라고 바랐던 아이의 손톱이 자라기 시작했습니다.

감사일기를 쓰기 시작한 이후로 저는 아이에 대한 걱정을 내려놓았습니다. 얼굴의 비대칭이나 목 근육, 척추 등 지금 당장 어떻게 할 수 없는 것은 있는 그대로 수용하게 되었고, 학교 성적도, 미래에 대한 불안감도…, 그 모든 걱정과 근심을 내려놓고 그저 바라보게 되었습니다.

딸아이 역시 대한민국의 고등학생으로서 누구나 한 번쯤 겪고 넘어가는 불안이 왜 없었겠습니까? 성적 스트레스뿐 아니라 친구관계에도 어려움이 생길지 모릅니다. 또한 살다 보면 많은 역경에 부딪히겠지요. 하지만 아무리 스트레스가 많이 쌓여도 그 상황에서 감사함을 찾고 도전하는 마음을 잃지 않으면 잘 극복할 것입니다. 감사함을 통해 마음체계를 다잡는다면, 세상에 어떤 어려움도 잘 이겨내고 그 모든 것을 행운과 기적으로 바꿀 것입니다.

100+1=1,000

제 생활에 감사일기 하나가 더해졌을 뿐인데 101이 아니라 1,000으로 바뀌었습니다. 감사일기는 제 삶의 공식을 이토록 놀랍게 바꾸어주었습니다.

딸아이는 아이돌 가수의 노래부터 클래식 교향곡까지 정말 다양한 음악을 듣습니다. 지난겨울 저에게 '유 라이즈 미 업You raise me up'이라는 노래를 들려주었습니다. 가사의 내용을 간단히 소개하면 이렇습니다.

'당신이 일으켜주시기에 나는 산 위에 우뚝 설 수 있고, 폭풍의 바다 위를 걸을 수 있습니다. 당신의 어깨에 기댈 때 나는 강해지며 당신은 나를 일으켜 나보다 더 큰 내가 되게 합니다.'

그날 밤 저는 음악을 들으며 숨죽여 울었습니다. 생각해보니 저를 일으켜 세워준 것은 그 누구도 아닌 제 딸아이였습니다. 물론 책과 감사일기도 중요한 역할을 했습니다.

따님, 고맙습니다. 저를 엄마라는 이름으로 살게 해주셔서.

책, 고맙습니다. 저의 무지를 깨우쳐주셔서.

감사일기, 고맙습니다. 감사, 사랑, 희망을 가지고 살게 해주셔서.

🐫 소개하고 싶은 책
- 돈보다 운을 벌어라, 김승호, 쌤앤파커스, 2013
- 깨진 유리창 법칙, 마이클 레빈, 흐름출판, 2006
- 나의 문화유산답사기 6, 유홍준, 창비, 2011
- 숲에게 길을 묻다, 김용규, 비아북, 2009
- 책은 도끼다, 박웅현, 북하우스, 2011

감사일기

… 내가 알던 감사는 오로지 '고맙다'라고 말하거나 누군가에게 돌려주어야 한다는 의미에서 답례 선물을 할 때 완료된다고 생각하는 것 같습니다. thank가 '빚졌다'라는 의미를 가진다는 것은 내가 giving의 의미로 가지고 있던 선물의 의미와는 다릅니다. 이건 원래 주인에게 돌려주는 것으로 차이가 있습니다.

나는 누구에게 빚졌을까요? 아. 엄마입니다. 난 엄마에게 빚졌다는 것을 모르고 있었습니다. 엄마에게 전화를 했습니다. 그리고 어버이날에도 말하지 않았던 말을 했습니다.

고맙습니다. 고맙습니다. 고맙습니다.

잡다한 고민이 사라지고
실행력이 생기다

— 정원 이야기

예전부터 간간이 작성해오던 감사일기를 본격적으로 작성하게 된 것은 호주 어학연수를 다녀온 후부터입니다. 호주에서 독립적으로 생활하던 것이 몸에 익은 탓인지 어학연수를 다녀온 후로 사소한 일로도 엄마와 다투곤 해서 괴로웠습니다. 그 일로 양경윤 수석선생님께 상담을 요청했는데, 감사일기를 꾸준히 쓰고 함께 공유해보자고 제안하셨습니다.

감사일기를 꾸준히 쓰기 시작하자 엄마와의 관계가 신기하게 개선되어 갔습니다. 더욱 놀라운 점은 한 달쯤 지나자 엄마의 마음체계에도 변화가 찾아왔다는 사실입니다. 덕분에 엄마와 저의 관계도 예전보다 더 애틋하게 회복되었으며 엄마와 나누는 대화가 즐거워졌습니다.

집에서뿐만 아니라 직장에서도 많은 변화들이 생기기 시작했습니다. '기적'이라고 불러도 좋을 만큼 커다란 변화들이 찾아온 것입니다. 직장에서 일어난 일 중 가장 큰 변화는 매일 아침 출근하는 것이 즐거워졌다는 사실입니다. 솔직히 말하면, 제가 원하고 꿈꿔왔던 직업이 아니었기 때문에 지난 7년 동안 직장생활에 대한 만족감이 그리 크지 않았습니다. 물론 재미있고 보람 찬 순간도 있었지만 그 시간은 그리 길지 않았고 전반적으로 뭔가 부족한 느낌이었습니다.

그런데 감사일기를 쓰기 시작하고 제 마음속에 감사와 사랑이 가득해지자 불평이나 불만은 저절로 사라졌습니다. 똑같은 문제가 생겨도 예전보다 스트레스를 덜 받았고, 가급적이면 긍정적인 방향으로 생각하여 문제를 해결했습니다. 마음이 바뀌니 일상은 더 많이 바뀌었습니다. 또한 감사요청일기 덕분인지 제게 실행력이 생기기 시작했습니다. 머릿속으로 생각만 하고 도전해볼 엄두가 나지 않았을 일들도, 글로 적고 자주 보니 실천할 용기가 났던 것입니다.

지금의 저는 감사일기를 쓰지 않는 삶은 상상도 할 수 없습니다. 매일 밥을 먹고 양치질을 하는 것처럼 자연스러운 습관이 되었고, 아주 중요한 일과로 자리 잡았습니다. 감사일기를 쓰고 난 후에 제 인생에서 일어난 고마운 일들은 너무 많아서 일일이 언급하기도 힘들 정도입니다. 제 안에 사랑과 감사가 충만해지자 외부적 요인 때문에 일희일비하지 않게 되었습니다.

독서와 감사일기를 통해 저는 제 주위의 모든 사람들이 저와 다르지 않고 하나로 연결되어 있다는 것을 깨달았습니다. 독서의 재미와 유익함은 책을 읽어본 사람만이 알 수 있듯이, 감사일기도 똑같습니다. 직접 써봐야만 이것이 얼마나 좋은지 느끼게 되고, 그것을 제대로 느낀 후에는 도저히 쓰기를 멈출 수 없습니다. 지금 하는 일이 적성에 맞지 않아 퇴근시간만 기다린다면, 가족과의 관계가 소원해졌다면, 깊은 사고는 없고 잡다한 고민만 많다면, 일단 감사일기를 써보라고 권하고 싶습니다.

엄마의 감사일기로
아들이 달라지다?

— 연정 이야기

감사일기와 인연을 맺었던 때를 돌아보니 지금도 코끝이 찡해집니다.

부모라면 누구나 아이들에 대한 사랑(걱정?)이 우선이 아닐까 싶습니다. 아들이 중학교 3학년이 되었을 때, 저희 부부는 아들의 고등학교 진학문제로 많은 갈등을 겪었습니다. 당시 과학고등학교에 진학하고자 했던 아들은 일반고등학교를 권하는 부모 때문에 상처도 많이 받았을 것입니다. 하지만 저희 부부는 아이의 선택을 존중해 아이가 원하는 과학고등학교에 보냈습니다. 합격 통지서를 받은 순간은 무척 기뻤지만, 아무 준비도 없이 기숙사에 보내야 하는 엄마의 마음은 걱정과 불안으로 가득했습니다.

아들은 과학고등학교에서의 생활, 즉 학교행사나 교우관계 등에 대해 크게 만족스러워했습니다. 하지만 중학교 내내 상위권에 있던 아들은 고등학교에서 중간 정도인 자신의 성적을 쉽게 받아들이지 못했습니다. 원하는 성적이 나오지 않게 되자 아들은 점점 학교생활을 힘들어했습니다.

그런 아들을 바라보는 제 가슴은 언제나 커다란 돌이 누르고 있는 듯했습니다. 아이를 위해서 제가 도대체 무엇을 해주어야 하는지도 모르겠고, 그렇게 답답한 날이 이어졌지요. 그래서 제 마음은 늘 걱정으로 엉망이었습니다. 힘들다

는 말도 꺼내지 못하고, 주변 사람들에게 혹은 아들에게 느긋해 보이려고 노력했습니다.

그러던 어느 날 양경윤 선생님과 우연히 만났는데, 그날 저는 엄마로서 저의 아픈 속내를 털어 놓으며 결국 눈물을 흘리고 말았습니다. 선생님은 살다 보면 누구나 다 힘들다고, 하지만 현재 상황을 객관적으로 살펴보면 다른 사람들에게는 즐거운 비명으로밖에 들리지 않을 수도 있다고 이야기했습니다. 그래서 우리는 감사하며 살아야 한다고요. 저에게 그런 위로를 해주시면서 감사일기를 쓰고 난 후 자신의 변화에 대하여 이야기해주었습니다. 약간 사이비 종교(?) 냄새가 나기도 했지만, 감사일기에 대한 이야기는 무척 공감이 되었습니다.

저는 지푸라기라도 잡고 싶었습니다. 무엇이라도 해야겠다는 절박함이 있었기 때문입니다. 아무것도 하지 않으면 가슴이 터질지도 모르겠다고, 무슨 일이 날 것만 같다고 생각했습니다.

딱 3일째였습니다.

뭔가 해야 할 것 같아서 무작정 감사일기를 쓰기 시작한 지 딱 3일째였습니다. 제 마음속에 따뜻한 바람이 불어왔습니다. 감사일기를 쓰기 시작하면서 아들에게 매일 '감사합니다. 고맙습니다.' 하고 문자메시지를 보냈는데, 늦은 밤에 답장 문자가 왔습니다.

"엄마, 고맙습니다. 엄마의 응원 덕분에 차츰 마음이 편안해지고 있어요."

아들의 문자 메시지에 눈물이 왈칵 쏟아졌습니다.

저는 감사일기를 쓴 후로 불안하고 초조하던 마음이 사라졌습니다. 그냥 지나칠 수 있는 사소한 감사까지 꼼꼼히 기록하다 보니 선물처럼 마음의 여유가 찾아온 것입니다. 마음가짐을 바꾸니 생활태도에서도 변화가 나타났습니다. 활력이 생기고 표정도 밝아졌습니다. 그래서 그런지 그 후로 제가 원하는 일들이 잘 풀려가고 있습니다. 사람들은 저에게 일어난 행운 같은 일들이 우연이라고 말할 것입니다. 하지만 그것은 감사함을 알게 된 덕분이고, 세상을 바라보는 관점이 바뀌었기 때문이라고 말하고 싶습니다.

누군가가 저에게 종교가 무엇이냐고 물을 때면 '내 마음속의 종교'가 있다고 웃으며 말하곤 합니다. '감사교'라고.

Part 2.

감사일기는 어떻게
행운과 기적을 부르나?

쉰이라는 나이를 바라보면서 무슨 꿈이냐고요? 저도 그때는 그렇게 생각했습니다. 하지만 저는 감사일기를 쓴 후로 나이에 대한 걱정이나 두려움, 포기하는 마음들을 전부 날려버렸습니다. 나이라는 거추장스러운 허물을 벗어버리자 매일 매 순간이 무척 감사했습니다. 고마운 일이 정말 많았고, 그것들을 인지하니 제가 어떻게 행동해야 할지 알게 되었습니다. 의식이 바뀌니 행동도 달라졌습니다. 어제 감사하다고 뿌린 말의 씨앗은 마법의 주문이 되어 오늘의 행복한 나를 만들었고, 오늘 뿌린 마법의 주문은 내일의 나를 만들 것입니다. 매일 적는 감사일기는 단순히 지나간 일을 돌아보고 마는 것이 아니라, 생각을 바꿔 내가 원하는 미래를 만들어수는 마법의 수문이기 때문입니다.

감사를 느끼자
세상 보는 눈이 달라지고

고맙습니다. 감사합니다. Thank you.

여러분은 이 말의 정의를 어떻게 내리시나요? 사전에서 '고맙다'의 뜻을 찾아보면 '남이 베풀어준 호의나 도움 따위에 대하여 마음이 흐뭇하고 즐겁다.'라고 나옵니다. 우리말인 '고맙습니다'의 어원은 '경敬'의 뜻을 가진 고유어 '고마'에서 유래한다고 알려져 있습니다. '고'는 높은 산을 뜻하고 '마'는 여성을 뜻하는 글자인데, 이 두 글자가 만난 '고마'는 풍요롭고 아름다운 '땅의 신'을 뜻하는 말이 되었다고 합니다.

옛날 사람들은 서로 먹을거리를 나누거나 누군가로부터 도움을 받으면 '당신은 고마와 같습니다.'라고 말했다고 합니다. 그 말이 줄어서 '고맙습니다'가 된 것이지요. 내게 도움을 준 사람을 신과 같은 존재로 보고 은혜를 표현한 인사입니다. 사람뿐만 아니라 주변의 모든 존재에게 신에게 감사하듯 고마움을 표현하는 것입니다.

'감사합니다'라는 한자어 역시 뜻은 같습니다. 초등학생 아이들을 지도하다 보면, 간혹 친구에게는 고맙다고 하고, 어른에게는 감사하다고 말해야 한다고 생각하는 아이들이 있습니다. 하지만 그것은 잘못 이해한 것입니다. '감사하다'가 '고맙다'의 존대어는 아닙니다.

어느 일간지에 개재된 글을 보니, '고맙습니다'의 영어표현 'thank'는 'think', 즉 '생각하다'에서 나왔다고 합니다. 상대방이 나에게 베풀어준 호의를 잘 기억해두겠다는 의미지요. 불어인 'merci'는 '자비를 간청하다.', '나는 당신에게 빚을 졌다.'라는 뜻이라고 합니다. 또한 포르투갈어인 'obrigado'는 그 뜻 자체가 '빚졌다'인데, '오브리가도'가 일본으로 건너가 '아리가토'가 되었다고 합니다.

살면서 누군가에게 고마움을 표현하는 것은 당연한 일입니다. 그런데 우리는 하루에 몇 번이나 고마워할 만한 상황을 겪을까요? 누군가가 나에게 무언가를 해줄 때만 고맙다고 표현해야 하나요? 그렇다면 고마울 일이 몇 번 없을 것입니다. 하지만 직접적으로 내가 무언가를 받지 않아도 감사할 일들을 찾는다면 고마운 일이 너무 많습니다.

고맙다는 말에는 '나는 당신에게 빚졌다.'는 의미가 포함되어 있으니,

감사라는 것을 습관적인 말로 해서는 안 됩니다. 빚을 갚는 태도를 수동에서 능동으로 바꾸어야 한다는 뜻입니다. 어렵지 않습니다. 관점을 바꾸면 감사함을 느끼는 것 역시 엄청나게 달라집니다. 물론 감사한 상황이 있을 때 먼저 말로 감사를 표현하는 것이 중요합니다. 말로 표현한다는 것은 자신이 지금 경험하고 있는 감사의 상황을 정확히 인지한다는 뜻이기도 하니까요.

긍정적인 말, 감사의 말에는 좋은 파장이 있어서 말하는 사람뿐만 아니라 듣는 사람에게도 좋은 기운이 전달됩니다. 그런데 왜 말로 하면 될 것을 글로 쓰라고 할까요? 왜 일기로 적어보라고 권하는 것일까요?

고마운 상황이 생길 때마다 그 자리에서 바로바로 고마움을 표현할 수 있다면 무척 다행스럽고 좋은 일이지만, 살다 보면 그러지 못할 때가 있습니다. 어떤 상황이 일어날 때는 고마운 줄 몰랐지만, 지나고 보니 그것이 무척 고맙게 느껴질 때도 많습니다.

감사일기를 작성하게 되면 고마웠던 일들을 다시 한 번 곱씹어 감사할 수 있으니 더 좋습니다. 내가 놓쳤던 상황들을 글로 쓰면서 감사할 수 있게 됩니다. 감사함을 느꼈을 때 내 주변에 나타났던 따뜻하고 긍정적인 기운을 다시 한 번 만드는 것입니다. 저는 감사일기를 작성한 후부터 사물을, 아니 세상을 바라보는 눈이 달라졌습니다.

감사의 본질은, 내가 존재하는 모든 상황, 현상이 가지는 이면에 존재하는 깨달음을 인식하는 것입니다. 오감으로 보고 듣고 느끼고 감동을 받으면서 의식을 깨우는 것입니다. 자신에게 왜 이러한 상황이 주어졌는지를 인식하고 감사하는 것입니다.

저는 처음에 하루에 5가지 감사함을 찾아내는 것도 힘들어했지만, 감사일기를 쓰다 보니 이제는 20~30가지도 찾게 되었습니다. 주위에 제가 빚지고 살았던 모든 것에 대해 새삼 고마움을 느끼기 때문입니다. 하루를 되돌아보며 감사한 일을 찾다 보면, 감사한 일이 너무 많다는 사실에 아마 깜짝 놀라실 겁니다. 감사할 일이 많다는 사실이야말로 정말 감사할 일이지요.

나에게 온 감정을
받아주고 녹여주기

용해, 용액, 용매, 용질이라는 말 들어보셨나요?

아마 과학시간에 많이 들어본 말일 것입니다. 이 단어들이 공통적으로 가진 글자 '용溶'은 '받아들여 섞고 녹인다.'는 뜻입니다. 학창시절에 용액의 농도를 계산하는 문제가 어려워서 헷갈렸던 기억이 나네요. 저는 과학을 참 좋아했는데, 점수는 그다지 좋지 않았습니다. 여러 가지 이유가 있었겠지만, 한자로 된 과학용어가 너무 어려웠다는 것도 한 가지 이유였던 것 같습니다.

그런데 나이가 들고 제가 가르치는 입장이 되어보니, 과학용어들은 한자의 의미만 알면 자연스럽게 익힐 수 있다는 사실을 뒤늦게 알았습니다. 예전에 제가 어려워했던 경험이 있어서인지 저는 아이들에게 어려운 용어를 설명할 때 한자풀이를 해주는 것을 좋아합니다.

잠시 과학시간으로 돌아가겠습니다. 용매는 중매쟁입니다. 녹을 용溶, 중매 매媒, 용매는 중간에서 서로를 연결시켜주는 중매쟁이입니다. 중매쟁이는 어디에나 존재하는 모양입니다. 가령 소금물은 물에 소금을 녹여서 만든 용액입니다. 그렇다면 누가 소금을 녹게 만들까요? 물입니다. 그래서 물이 용매입니다.

짜디짠 소금과 달콤한 설탕 같은 여러 감정들이 감사일기를 만나 제 삶에 녹아들었습니다. 소금이 물에 녹아 소금물이 된 것처럼 말이지요. 감사일기는 혼란스러운 감정을 받아주고 섞어주고 녹여주었습니다.

인간은 호모센티엔스, 즉 '감정의 동물'입니다.

감정이 무엇인가요? 행복, 슬픔, 화, 분노, 수치심, 시기, 질투, 초조함, 후회, 감사, 기쁨, 창피함, 외로움, 불안, 싫어함, 오만, 근심…. 일일이 다 열거할 수 없을 정도로 다양합니다.

인간의 감정은 시시각각 변하고, 어떤 경우에는 자신의 감정을 스스로도 주체하지 못합니다. 슬픔, 분노, 시기심 같은 부정적인 감정뿐만 아니라 기쁨, 즐거움 같은 긍정적 감정에 대해서도 종종 주체할 수 없는 느낌을 받습니다.

누군가가 '당신은 어떤 감정을 유지하고 싶습니까?'라고 물어본다면 당연히 긍정적인 감정이라고 답할 것입니다. 그런데 제 경우를 돌이켜보면, 긍정적인 감정은 지속되는 시간이 짧고 부정적인 감정은 오래 가는 것 같습니다.

좋은 소식을 전해 들었을 때는 당연히 긍정적인 감정이 일어납니다. 이럴 때 순수하게 기뻐하고 즐기면 되는데 과거의 저는 그러지 못했습니다. 제 마음속에서 '내가 이렇게 기뻐해도 되나? 뭔가 다른 나쁜 일이 생기려고 이러는 거 아니야?' 하는 부정적인 의심이 스멀스멀 올라왔습니다.

그뿐인가요? 친한 친구에게 좋은 일이 생기면 겉으로는 칭찬하고 축하하지만 제 마음속 악마는 시기와 질투를 시작합니다. 그렇다고 해서 그 친구가 싫어졌다거나 미워진 것은 아닙니다. 여전히 그 친구를 좋아합니다. 그래서 저의 은밀한 시기와 질투의 감정이 혹여 겉으로 드러날까 봐 두려워합니다.

이처럼 감정은 하나가 아닌 여러 가지가 복합적으로 일어납니다. 긍정성과 부정성이 동시에 일어날 때, 우리의 이성은 그 감정들을 제대로 제어하지 못합니다. 그러면 우리는 그런 자신에게 또다시 실망합니다. '나는 이것밖에 안 되는 사람인가?' 하는 생각도 들어 속상해집니다.

한 가지 예를 들어볼까요? 남편에 대한 불만과 사랑이 공존하는 제 마음은 불편하기만 했습니다. 거기다 아이들이 자라면서 여러 가지 문제까지 겹쳐지자 저는 종종 제 감정을 주체하지 못하고 폭발하기도 했습니다.

감사일기는 그런 제 마음속의 여러 감정들을 감사와 사랑으로 녹여주었습니다.

누구나 저마다 감정을 조절하고 자신을 수양하는 방법을 한 가지씩은 가지고 있을 것입니다. 그러나 그것을 실천하기가 그리 쉽지만은 않습니다. 가령 명상을 한다고 해서 곧바로 마음이 고요해지는 것도 아니고, 아무나 쉽게 해탈의 경지에 오르는 것도 아닙니다. 감사일기도 그렇습니다, 감사일기를 쓴다고 해서 지금 당장 마음속의 분노, 외로움, 시기, 질투가 모조리 사라지는 것은 아닙니다. 하지만 그런 감정들은 시간의 흐름과 함께 차츰차츰 제 안에 녹아들기 시작했습니다.

인간관계를 좀 더 수월하게 받아들이도록

감사일기는 제 감정만 섞어주고 녹여준 것이 아닙니다. 여러 인간관계에서 제가 상처받지 않고 여러 가지 상황과 감정들을 좀 더 쉽게 받아들이게 해주었습니다.

우리는 혼자 살 수 없습니다. 부모와 자식, 친구, 직장상사와 부하, 동료 등 수많은 사람들과 관계를 맺으며 살아갑니다. 그런데 이러한 관계들이 항상 즐겁고 유쾌한 것만은 아닙니다. 좌절과 괴로움을 주기도 합니다. 저 역시 제가 속한 이런저런 집단에서 인간관계 때문에 힘들었던 적이 많습니다. 하지만 감사일기를 쓴 이후로는 이러한 인간관계들을 좀 더 수월하게 받아들이게 되었습니다. 소금을 녹이는 물처럼 감사일기라는 용매는 제 삶에 여러 인간관계가 잘 녹아들도록 섞어주었기 때문입니다.

우리는 가정에서도 부모님, 자녀, 남편, 형제자매 등 수많은 사람들과 얽혀 있습니다. 사랑이라는 큰 틀 속에서 함께 살지만, 어쩔 수 없이 갈등은 벌어집니다. 부모님은 자녀들 때문에 속이 상하고, 자녀들은 부모님 때문에 화가 납니다. 학업성적, 생활습관, 교우관계, 장래문제 등으로 인해 부모자식 사이가 세상에서 가장 어려운 관계가 되기도 합니다. 자녀에게 잘해주지 못하는 부모님의 마음이 아픈 것처럼, 자녀들 또한 부모님의 기대에 부응하지 못하는 것에 대해 좌절하고 갈등합니다. 저도 두 아이를 키우면서 아이들과의 갈등뿐만 아니라 저 스스로 자녀교육에 대한 갈등을 많이 겪었습니다. 물론 아직도 겪고 있고요.

그렇다면 남편과의 관계는 어떨까요? 여러 인간관계 중에 어쩌면 가장 많은 인내심이 필요한 관계가 아닌가 싶습니다. 그런 의미에서 제 남편 이야기를 잠시 해보겠습니다. 저의 남편은 너무너무 바쁜 사람입니다. 대한민국 남자 중에 이렇게 바쁜 사람이 또 있을까 싶습니다. 보통 사람이 바쁘다고 말하는 것과는 차원이 다릅니다.

일단 제 남편은 생각이 많습니다. 배우고 싶은 것도, 도전하고 싶은 것도 무척 많지요. 게다가 잘 노는 것도 엄청나게 중시하는 사람입니다. 특히 새로운 것에 도전하기를 좋아하는데, 남들처럼 조금 배우고 마는 게 아니라 프로의 경지에 올라야만 스스로 만족스러워하는 성격입니다. 한 가지만 배우는 것이 아니고 종류도 엄청나게 다양합니다. 저는 남편을 보면서 '배움도 중독'이라는 생각을 종종 합니다.

좌우간 남들 눈에는 그런 제 남편이 열정적이고 훌륭한 사람, 인생의 참다운 멋을 아는 사람으로 보일지도 모르겠습니다. 하지만 함께 사는 아내의 입장에서는 늘 불만스러웠습니다. 남편의 생각은 늘 가정이 아닌 바깥을 향해 있었으니까요.

보편적인 관점에서 보자면 제 남편은 그냥 평범한 대한민국 남편이자 아빠였습니다. 다만 남들에 비해 배움에 대한 열정이 지나치게 컸고, 덕분에 생활패턴이 저와 맞지 않았을 뿐입니다. 그래서 제 입장에서 보면 남편은 나쁜 사람이었습니다. 나쁜인 사람, 자기 일에만 몰두하는 사람이니까요. 저만 쏙 빼고 나머지 외부세계에서는 참 좋은 사람, 조화로운 사람이었습니다.

그렇다면 저는 어떤 사람일까요? 저 역시 순간순간 달랐을 것입니다. 나쁜 사람, 좋은 사람, 어쩌면 양체 같은 사람일 때도 있었겠지요. 우리가 흔히 말하는 좋은 사람, 착한 사람도 타인에게 상처를 줍니다. 결국 남편도 저도, 서로에게 어떤 순간은 좋은 사람, 어떤 순간은 나쁜 사람이었을 것이고, 반복적으로 상처를 주고받았을 것입니다. 하지만 저는 늘 저만 상처받았고 손해 봤다고 생각했습니다.

그런데 감사일기를 쓰고 나서부터는 남편이 하는 조그만 일에도 감사하게 되었고, 남편에 대한 믿음이 점점 더 커지기 시작했습니다. 예전에는 밖으로만 돌아다니는 남편이 얄미웠는데, 조금이나마 그를 이해하게 되었습니다. 그 덕분이었을까요? 남편도 변하기 시작했습니다. 늘 바쁘지만 가끔 집에 있는 날이면 자발적으로 설거지를 하기 시작했습니다. 누가 들으면 그게 뭐 그렇게 대단한 일이냐고, 당연히 해야 하는 것 아니냐고 묻겠지만, 저희 집에서는 대단한 변화입니다. 제가 잔소리를 해서 마지못해 하는 것이 아니라, 주체적으로 설거지를 하다니요. 그것도 집에 있을 때마다 한다는 사실은 정말이지 굉장한 변화입니다. 저에게는 무척 감사한 일이지요.

이처럼 감사일기는 저의 외부세계를 녹여준 것이 아니라, 먼저 제 마음속의 감정들을 섞어주고 녹여주었습니다. 저는 변화를 늘 외부에서 찾아 헤매었는데 그게 아니었습니다. 제 내부의 감정들이 녹아들자 주변이 변화했습니다.

처음에는 용매인 감사일기가 너무 적은데 마음속에 있는 감정들은 너무 많아서 다 받아들일 수가 없었습니다. 말하자면 소금은 너무 많은데

물이 너무 적은 상황과 비슷했습니다. 하지만 시간이 흐르고 감사일기를 쓰면 쓸수록 여러 감정을 수용하고 받아들이는 능력이 커졌습니다. 그것 또한 얼마나 감사한 일인지 모릅니다.

고마운 마음이 생겼을 때 "감사합니다."라고 말로 표현하고, 또다시 감사일기로 그 상황을 그대로 풀어 적어보세요. 어느새 부정적인 감정들이 녹아 없어진, 밝고 가벼운 마음을 발견하게 될 것입니다.

소개하고 싶은 책

- 뇌 한복판으로 떠나는 여행, 장 디디에 뱅상, 해나무, 2010
- 축복, 장영희, 비채, 2006
- 어떻게 사랑할 것인가, 장영희, 예담, 2012
- 마음을 비우면 얻어지는 것들, 김상운, 21세기북스, 2012

… 사람들의 마음이 다 똑같지 않다는 사실을 알게 되어 감사합니다. 상대방을 위한 일이었지만 그것을 받아들이는 사람이 이미 벽을 쌓아두었다면 그도 받아들이기가 참으로 힘들겠지요. 그 순간 너무 속상해서 눈물이 나려고 했습니다. 하지만 모든 것을 받아들이고 수용하기로 했습니다. 감사합니다. 감사합니다. 감사합니다.

… 꽃을 보고 기분이 좋으면 꽃이 좋습니까, 내가 좋습니까? 당연히 내가 기분이 좋습니다. 법륜 스님의 말씀을 생각하면서 내가 상대를 좋아하면 상대보다 내가 더 기분이 좋다는 말에 힘을 얻습니다. 감사합니다. 감사합니다. 감사합니다.

… 이렇게 생각하고 나니 모든 순간을 상대방의 입장에서 바라보고 이해하게 되었습니다. 평소에 소통에 더 힘을 쓰라는 깨달음을 주는 시간이었습니다. 상대방을 이해할 수 있는 힘을 주셔서 감사합니다. 감사합니다. 감사합니다.

나가는 길,
나 가는 길

'나가는 길'

지하철역이나 기차역, 상가나 버스터미널 등에서도 흔히 볼 수 있는 말입니다. 나가는 길, 즉 출구를 알려주는 표시입니다. 지하철역에서 '나가는 길' 표지판을 한참 바라보고 있던 남편이 한마디 합니다. 한글의 오묘한 띄어쓰기는 우리에게 인생의 방향을 알려준다고 말입니다.

'나 가는 길'

자신이 가야 하는 길입니다. 삶의 방향을 알아야만 우리는 인생의 나가는 길, 목적지를 향해 갈 수 있을 것입니다. 어떤 목표, 어떤 출구를 찾아 나가야 할지 결정해야 합니다. 어떤 곳으로 나가느냐에 따라 출구 밖의 인생이 달라집니다.

결혼 후 '나'의 정체성은 무엇이었을까요? 엄마이자 아내, 교사였습니다. 그리고 저였습니다. 저는 여전히 존재하고 있었지만, 세 가지 역할의 크기가 너무 커서 잘 보이지 않았을 뿐입니다.

엄마 〉 아내 〉 교사 〉 나

이런 공식이라고 볼 수 있겠네요. 제 정체성에서 엄마 역할의 비중이 컸다고 해서, 제가 다른 엄마들보다 더 훌륭했다는 것은 아닙니다. 그저 제 정체성을 구성하는 여러 역할들 중에서 엄마 역할의 크기가 컸던 것 뿐이었습니다.

제 인생에는 이런 공식도 있었습니다.

가정 〉 직장 〉 나

결혼 후 제 삶의 중심은 가정이었습니다. 가정이 편해야 제가 편했습니다. 결혼한 사람들은 대부분 결혼과 동시에 삶의 중심을 가정으로 옮깁니다. 그렇지 않은 사람도 있겠지만, 저는 그랬습니다.

자유로운 영혼인 남편과 제 보살핌이 필요한 아이들을 돌보면서, 저는 제가 없다고 화를 내기도 했습니다. 저도 저의 삶이 필요하다고 소리치기도 했고, 자유시간을 달라고 조르기도 했습니다. 그런데 도대체 제 삶에 자유시간은 누가 주는 걸까요? 그때는 제가 스스로를 옥죄고 있다는 사실을 알지 못했습니다. 저는 저 자신을 엄마, 아내, 교사로 분리해놓고 자신만의 삶이 없다는 사실에 답답해했습니다. 새삼스럽게 정체성의 혼란이 생기기도 했지요.

감사일기를 쓰고 나서야 저는 '나 가는 길'을 찾았습니다. 제가 가정 안에 있었기에 더 많이 성장할 수 있었고, 엄마라는 역할 덕분에 학생들을 더 많이 이해하고 사랑하게 되었으며, 아내였기에 세상 모든 남편들의 고뇌까지도 알게 되었으니까 말입니다.

그래서 저는 공식을 바꿔보았습니다.

나 ⊃ 아내, 엄마, 교사, 기타 등등

각각을 분리해 크고 작음을 비교하던 공식이 아니라, 제가 이 모든 것을 포용하는 공식으로 바꾸었습니다. 저라는 사람 안에 가정도 있고 직업도 있었던 것입니다. 저는 그것을 모르고 살았습니다.

나이 오십에 무슨 꿈이냐고?

감사일기와 독서는 저에게 세상을 어떻게 바라봐야 하는지 알려주었습니다. 또한 제가 삶에 더 집중하도록 만들어주었습니다. 제가 있는 자리는 언제나 똑같았지만, 이 자리에서 무엇을 하면서 나 자신을 찾아나갈 것인가를 생각해보기 시작했습니다.

내 꿈은 무엇인가? 내가 나아가야 할 길은 어느 방향인가? 이런 질문들에 대한 답을 고민하자 제가 해야 할 일, 하고 싶은 일, 꿈, 목표, 소망 같은 것이 생겼습니다.

저는 그 전까지 아이들에게 자기주도학습에 대해 가르치면서 꿈과 목표가 중요하다고 강조했습니다. 누구나 인생에 꿈이 있어야 한다고, 어떤 대학에 가고 어떤 직업을 갖는 것 이상의 꿈이 있어야 한다고 말입니다. 하지만 정작 저는 삶의 목표나 꿈을 한마디로 정의하지 못했습니다. 그런 제가 아이들에게 그저 말로만 꿈을 가지라고 가르쳤던 것이지요.

사실 저는 쳇바퀴 돌듯 살고 있는 평범한 사람들이 꿈을 가지는 것이 대체 무슨 의미가 있나 하고 회의적으로 생각했습니다. 꿈에 대해 뿌리 깊은 불신을 가지고 있었던 것 같습니다. 명문대, 해외유학, 스펙 쌓기 같은 것, 즉 남들이 말하는 꿈이나 목표를 은근히 무시하고 부정하면서, 제 분야에서 입지전적인 성과를 내지 못한 저 자신에게 면죄부를 주었습니다. 이런 제 의식체계를 바꾸고 세상을 바라보는 눈을 바꾸어준 것이 감사일기입니다. 덕분에 저는 그제야 제 꿈에 대해 고민했고, 꿈을 향해 나아갈 수 있었습니다.

쉰이라는 나이를 바라보면서 무슨 꿈이냐고요? 저도 그때는 그렇게 생각했습니다. 마흔 살이 될 무렵 '나는 늙었다.'라고 생각했었으니까요. 100세 시대를 사는 현대인의 인생시계로 보면, 마흔이라는 나이는 겨우 낮 12시를 향해 달려가고 있는 나이입니다. 이제야 겨우 워밍업을 끝내고 왕성하게 활동할 시간에 와 있는 것이지요. 그런 사실을 독서와 감사일기가 알려주었습니다. 그 후로 저는 제 나이에 대한 걱정이나 두려움, 포기하는 마음들을 전부 날려버렸습니다. 나이라는 거추장스러운 허물을 벗어버리자 매일 매 순간이 무척 감사했습니다. 고마운 일이 정말 많았고, 그것들을 인지하니 제가 어떻게 행동해야 할지 알게 되었습니다. 의식이 바뀌니 행동도 달라졌습니다.

저의 마음체계가 바뀌자 계절의 변화를 알려주는 한 점 바람에도 감사하게 되었고, 겨울철에 잠깐 비추는 햇살의 따뜻함에도, 벼를 잘 여물게 해주는 여름 한낮의 뜨거운 태양에도 감사할 따름이었습니다. 이제 제가 할 일은 이 자연을 소중하게 여기고 보존하는 일이었습니다. 이것은 또 하나의 '나 가는 길'이 되었습니다.

이상하게 들릴지 모르겠지만, 저는 자연에 대한 감사함을 마음 깊이 느낀 이후로 물건을 충동적으로 구매하지 않게 되었습니다. 인간이 너무 많은 물질을 갈구하기 때문에 자연이 훼손된다는 사실에 미안해졌기 때문입니다. 아시다시피 충동구매는 경제적인 손실은 물론이고, 안 그래도 이미 많은 쓰레기로 넘쳐나는 지구를 더욱 해칩니다.

예전에는 물건을 구입할 때 '가격이 얼마나 더 저렴한가?'에만 집중했다면, 이제는 '이것이 나에게 꼭 필요한가? 반드시 지금 구입해야만 하나? 우리 집에 이것을 대체할 물건이 정말 없나?'를 꼼꼼히 따져보게 되었습니다. 쓸데없는 물건을 덜 사게 되니 한결 여유로워졌습니다. 돈과 시간뿐만 아니라 마음까지도 말입니다.

감사일기를 작성하다 보면 아무래도 크고 작은 행동들이 변화하게 됩니다. 그렇게 되기 위해 몸과 마음이 노력을 하니까요. 하지만 오랫동안 만들어진 습관들을 하루아침에 바꾸기는 쉽지 않습니다. 그래도 실망할 필요는 없습니다. 그저 저 자신만 생각하던 제가 주위를 둘러보고 자연도 돌아볼 줄 아는 눈이 생겼으니까요. 그것만으로도 굉장히 큰 가능성의 문이 열린 셈입니다.

또한 제가 주위 사람들에게 감사함을 전하다 보니 자연스럽게 사람들도 저를 배려해줍니다. 이런 변화를 통해 저는 사람과 사람이 어울리며 조화롭게 살아가는 것에 대한 가치를 재발견했습니다. 그래서 제 직업에 최선을 다하고 가치 있는 생각들을 전하는 것, 그게 제 꿈이자 소망이 되었습니다.

이렇듯 감사일기는 저의 정체성을 새롭게 발견하게 해주었습니다. 장점, 기질, 꿈, 소망 등 제 안에 있는 저를 변화시켜주었습니다. 세상을 어떻게 바라봐야 할 것인지에 대해 고민하게 해주었고, 행복이 무엇인지도 알려주었습니다. 그리고 행동을 변화시켜 그것을 향해 나아가게 만들어주었습니다.

🐦 소개하고 싶은 책
- 혼창통, 이지훈, 쌤앤파커스, 2010
- 실행이 답이다, 이민규, 더난출판사, 2011
- 자기혁명, 박경철, 리더스북, 2011
- 행복이란 무엇인가, 하임 샤피라, 21세기북스, 2013
- 술 취한 코끼리 길들이기, 아잔 브라흐마, 연금술사, 2013

··· 봄입니다. 아파트 단지 안에 있는 벚꽃 길은 안개 같은 분홍빛으로 나의 마음을 사로잡고 아름다움을 만끽하게 해주었습니다. 그런데 보도블록을 살펴보니 버찌가 떨어져 군데군데 까맣게 되어 있었습니다. 이 버찌들이 보도블록이 아닌 화단의 흙에 떨어졌더라면 거름이 되어 주변 나무들에게 더 많은 영양을 공급했을 텐데 아쉽습니다. 인공적인 보도블록 때문에, 아니, 인간들의 삶 때문에 어쩔 수 없이 나무와 땅이 서로 도움을 주지 못하고 있습니다. 미안합니다. 용서하세요. 감사합니다. 사랑합니다. 자연과 인간이 좀 더 아름답고 조화로워지는 세상을 생각해봅니다. 예전에는 이런 생각들을 별로 하지 않았는데, 이런 문제에 관심을 갖고 더 많이 고민할 수 있게 해주셔서 감사합니다. 감사합니다. 감사합니다.

··· 감사의 표현을 더 많이 하고, 좋은 말을 실천할 수 있게 되어 감사합니다. 내가 무엇을 해야 할지, 어떤 방향으로 나아가야 할지 알려주는 감사일기에 감사합니다. 그것을 실천하기 위해 노력하는 나 자신에게 감사합니다. 감사합니다. 감사합니다.
좋은 글귀가 적힌 달력에 '밝은 삶의 지혜'라는 글이 있습니다. 내용은 세상은 거울이어서 내 마음만큼의 것을 돌려준다는 것입니다. 내가 먼저 주지 않으면서 받기를 바라거나, 내가 받지 못한다고 야속해하면 행복해질 수 없습니다. 세상은 거울과 같아서 내 마음이 사랑을 가지고 있으면 사랑이 돌아옵니다. 미움을 가지고 있으면 미움이 돌아오겠지요. 그래서 베푼 만큼 돌아옵니다. 이렇게 좋은 내용을 여기에 옮겨 적을 수 있음에 감사합니다. 감사합니다. 저도 많이 베풀고 살겠습니다. 감사합니다. 감사합니다. 감사합니다.

감사일기는
수리수리 마수리 앱

'아브라 카다브라.'

'내가 말한 대로 이루어지리라.'라는 뜻의 주문입니다. 아랍어인 '아브라(이루어지다)'와 '카다브라(내가 말한 대로)'가 붙은 말인데, '카다브라'에 쓰인 '다바르'라는 동사가 '말하다'라는 뜻입니다. 《성경》에는 '다바르'의 힘이 무한하다고 나옵니다. 창세기를 보면 하느님이 "빛이 생겨라."라고 '다바르(말)'했더니 빛이 생겨났다고 기록되어 있지요. 이처럼 세상의 모든 것이 신의 '다바르', 즉 말을 통해 창조되었습니다. 말한 대로 이루어진 것입니다. 이처럼 말은 엄청난 힘을 가지고 있습니다. 그 힘이 창조와 성취의 동력이 되는 것이지요.

'수리수리 마수리 얍!'

우리나라 전래동화를 읽다 보면 '수리수리 마수리 얍!' 하고 주문을 외우는 장면이 종종 등장합니다. 그러면 '펑!' 하는 소리와 함께 문제가 해결되거나 누군가가 나타나 도와주기도 합니다. '수리수리 마수리'는 불교 경전인 《천수경》에 나오는 정구업진언의 앞부분입니다. '수리수리 마하수리 수수리 사바하'의 앞부분을 딴 것인데, '입으로 지은 죄를 깨끗이 하는 신비의 말'이라는 뜻으로 외우는 진언입니다.

불교는 우리 역사와 떼려야 뗄 수 없는 종교입니다. 그래서 많은 전래동화 속에 스님이 자주 등장하는 것 같습니다. 스님들이 나와서 뭔가를 해결해주는 이야기가 많다 보니 이 진언이 마치 주문처럼 사용된 게 아닐까 싶습니다.

그런데 불경의 그 수많은 진언들 가운데 왜 하필 정구업진언이 동화에 나오는 것일까요? 제 생각에는 인간이 말로 짓는 죄가 너무 많으니 그것을 경계하라는 뜻인 것 같습니다. 반대로 말로서 이루어지는 것이 얼마나 많은지를 강조하고자 한 것이기도 하고요.

'비비디 바비디 부!'라는 말 역시 어디선가 많이 들어보았던 주문일 것입니다. 예전에 어느 CF에 나오기도 했습니다. 이 주문은 '신데렐라' 속 요정할머니가 늙은 호박을 근사한 호박마차로 바꾸기 위해 사용한 마법 주문입니다.

이처럼 주문이라는 것은 원하는 것을 현실로 만들고 싶을 때 외우는 것입니다. '늙은 호박을 마차로 바꾸겠다.'는 '생각'이 있어야 주문이 효과를 발휘합니다. 바라는 것도 없이 주문을 외운다면 아무리 신통한 마법 주문이라 해도 아무 일도 일어나지 않습니다. 세상을 바꾸든, 자신의 삶을 바꾸든, 무언가를 바꾸려는 의지가 있어야 합니다. 주문을 외우는 것은 그다음에 할 일이지요.

삶의 변화를 열망하는 것,

태도를 바꾸고 싶다는 생각,

어떤 일을 잘하고 싶다는 생각,

목표를 이루고 싶다는 생각,

원하는 것을 가지고 싶다는 생각….

이렇게 첫 번째 단계는 무언가를 하고자 하는 생각이 있어야 합니다. 동화 속 마법의 세계에서는 주문을 외우기만 하면 원하는 것이 무엇이든 이루어졌습니다. 알라딘은 요술램프에서 요정 지니를 불러냈지요. 그냥 부르기만 한 것이 아니라 램프를 문지르기까지 했습니다.

마법이 이루어지는 과정을 정리해보면, 1단계는 이루고 싶은 것을 생각하는 것이고, 2단계는 마법의 주문을 외우는 것입니다. 생각이 있어야 하고 그다음은 행위가 따라와야 한다는 말입니다. 주문을 외우든, 램프를 문지르든, 생각을 바꾼 사람은 행동을 합니다. 복권을 사지도 않으면서 '복권에 당첨되게 해주세요.' 하고 기도해봐야 아무 소용없는 것과 마찬가지이지요.

주문을 외우면 마법이 시작된다

수리수리 마수리 대신 "~ 덕분에 감사합니다."라는 주문을 글로 매일 적다 보니 저에게는 정말 감사할 일들만 생겨났습니다. 감사일기가 제 인생에 감사할 일들을 불러들였습니다. 말로만 했다면 아마 그렇게까지 되지는 않았을 것입니다. 글로 적으면서 마음속으로 하루에도 수십 번씩 '감사합니다, 감사합니다, 감사합니다.'를 되뇌었더니, 말이 씨가 되어 결실을 맺었습니다.

어제 감사하다고 뿌린 말의 씨앗은 마법의 주문이 되어 오늘의 행복한 나를 만들었고, 오늘 뿌린 마법의 주문은 내일의 나를 만들 것입니다. 매일 적는 감사일기는 단순히 지나간 일을 돌아보고 마는 것이 아니라, 생각을 바꿔 내가 원하는 미래를 만들어주는 마법의 주문이기 때문입니다.

'생각이 바뀌면 말이 바뀌고, 말이 바뀌면 행동이 바뀐다. 행동이 바뀌면 습관, 인격, 인생이 바뀐다.'는 말이 있습니다. 그래서 생각을 조심해야 하고, 말을 조심해야 합니다. 생각이 '그것은 된다(혹은 안 된다).'라고 떠올리는 순간, 입은 '그것이 된다(혹은 안 된다).'라고 내뱉기 때문입니다. 그래서 생각과 말은 함께 움직입니다.

감사일기는 감사의 마음과 생각을 그저 흩어져버리게 놔두지 않고 그 것을 글로 옮기게 해줍니다. 생각과 말과 글로 동시에 감사함을 온전히 받아들이는 것입니다. 생각을 글로 옮기면 글은 행동을 바꿉니다. '1만 번 말한 것은 현실로 이루어진다.'고 합니다. 글로 쓰면 더 빨리 이루어 집니다. 글은 여러 번 생각하게 만들고, 눈에 보이는 구체적인 형상으로 존재하기 때문입니다. 감사일기는 미래를 창조하는 주문입니다.

저는 잠들기 전에 혹은 하루 일과 중 짬이 날 때 감사일기를 씁니다. 하 루 동안 일어나는 무수히 많은 감사한 일을 글로 쏟아내고 나서, 내일의 감사를 미리 요청해서 작성합니다. 미래를 만드는 감사요청일기는 자기 암시를 하는 일종의 미래일기입니다. 무의식에 자기암시를 걸어 스스로 를 설득하고 자신의 의지에 긍정적인 상상을 불어넣는 것입니다. 또한 가 까운 미래의 하루를 상상하며 두뇌가 미리 계획을 세우고 정리를 해두도 록 하는 것입니다. 행운을 부르는 마법사처럼 다음 날 모든 일이 술술 풀 리도록 감사의 주문을 외우고 마법지팡이를 흔드는 것과 같습니다.

이 정도면 '감사일기가 정말 주술을 부리는 것일까?' 하는 의문을 가질 수도 있습니다. 아직 일어나지 않은 미래의 일에 대해 그것이 이미 이루어진 것처럼 감사하다고 말하는 것이니까 말입니다. 그런 식의 자기암시가 다음 날 실제로 소망이 이루어지는 것과 무슨 관계가 있을까요?

지금 머릿속으로 레몬을 떠올려보십시오. 레몬 껍질을 벗기고 레몬즙을 살짝 맛본다고 상상해보십시오. 벌써 입속에 침이 고이지 않았나요? 이처럼 글을 읽으면 뇌가 자동으로 반응해서 실제로 레몬을 맛본 것처럼 침이 고입니다. 우리의 뇌는 성공, 아름다운 미래, 행복한 모습을 생각하기만 해도 그것을 향해 움직입니다. 저는 일기를 통해 제 두뇌와 잠재의식에 앞으로 저에게 올 수많은 감사한 일 중에 원하는 것을 끌어당겼습니다. 그게 바로 감사요청일기입니다.

감사요청일기는 그 일이 미리 이루어진 것처럼 감사하면서 작성합니다. 매일 그날의 감사만이 아니라 바로 다음 날이나 미래의 어느 날 감사하게 될 일을 적는 것입니다. 감사요청일기를 적다 보면 마법처럼 그 일들이 현실이 됩니다. 실제로 써보면 감사요청일기가 가진 신기하고 놀라운 힘을 알 수 있을 것입니다.

미래의 일을 미리 이루어진 것처럼 글로 감사하다고 적는 감사요청일기는 내일, 또는 미래에 할 일에 대한 계획이자 준비입니다. 준비가 철저한 만큼 내가 원하는 모습대로 미래가 만들어질 확률이 높을 수밖에 없습니다.

수많은 자기계발서에 공통적으로 나오는 것이 하나 있습니다. 꿈의 노트. 사명이나 꿈을 글로 적으라는 것입니다. 예전에는 저도 왜 글로 적으라는 것인지 이해하지 못했습니다. 게다가 유명 자기계발서에 나오는 꿈들은 너무 원대하거나 물질적인 것만 지향하는 것 같아서 좀 부담스러웠습니다. '고작 노트에 적는다고 해서 그런 일이 이루어질 리가 없잖아?'라고 생각했지요. 그리고 진지하게 꿈을 가진 적도 없습니다. 지금 생각해보면 저는 처음부터 '해봐도 안 된다.'는 부정적인 마음을 가지고 있었기 때문에 글로 적으려야 적을 수가 없었던 것 같습니다.

꿈의 노트를 만들어본 적은 없었지만, 감사일기를 적다 보니 그것이 자연스럽게 제 꿈의 노트가 되었습니다. 크고 원대한 꿈은 아니지만, 내일 또는 다음 주, 다음 달에 소망하는 일들, 해야 할 일들에 대한 감사함이 미리 채워졌고, 마법의 주문처럼 그 일들이 제가 원하는 대로 이루어졌습니다.

소개하고 싶은 책
- 몰입의 즐거움, 미하이 칙센트미하이, 해냄, 1997
- 자기암시, 에밀 쿠에, 화담, 2013
- 몰입 Think Hard, 황농문, RHK, 2007
- 멈추지 마 다시 꿈부터 써봐, 김수영, 웅진지식하우스, 2010
- 꿈 너머 꿈, 고도원, 나무생각, 2007

초등학생들에게도
감사일기가 통할까?

감사일기에 대한 책을 쓰기로 결심하고 나서 한 가지 걱정스러운 것이 있었습니다. '어른들의 사고체계에서 감사일기가 내면화되는 과정이 아이들에게도 똑같이 작동할까?' 하는 것이었습니다. 그리고 '이 책을 읽은 어른들이 교육적 취지라는 미명하에 어린아이들에게 억지로 감사일기를 쓰도록 강요하지는 않을까?' 하는 걱정도 들었습니다.

제 경험에 따르면 감사일기는 나이와 성별을 불문하고 모든 사람들에게 큰 도움이 됩니다. 인생을 바꿔줄 수도 있습니다. 하지만 적용방법에 따라 역효과가 발생할 수도 있습니다. 특히 어린아이들에게는 더욱 조심스럽게 접근해야 합니다. 처음부터 부정적으로 경험해버리면 아무리 좋은 것이라도 아이 입장에서는 끝까지 좋아지지 않기 때문입니다. 그런 경우를 보면 참으로 안타깝습니다. 그래서 아이들만큼은 감사일기를 처음 접할 때 재미있고 즐거운 것으로 경험할 수 있도록 어른들이 더욱 신경을 써주었으면 좋겠습니다.

저는 감사일기를 쓰면서 감사의 힘을 마음속에 제대로 받아들이게 되었고, 제가 경험한 여러 가지 변화를 학생들에게도 알려주고 싶었습니다. 저만 알고 있기에는 아까웠기 때문입니다. 또한 감사일기가 아이들의 생활지도나 인성지도 측면에서도 유용할 것 같다는 생각이 들었습니다. 아이들의 하루하루가 지금보다 더욱더 빛날 것이라는 부푼 꿈을 안고 2010년부터 본격적으로 감사일기 쓰기를 저희 반 학생들에게 가르치기 시작했습니다.

처음에 아이들에게 함께 써보자고 한 감사일기는, 하루 동안에 일어난 일들 중에 감사한 일 3~5개를 찾아 한두 문장으로 짧게 쓰는 것이었습니다. 5학년이었던 저희 반 아이들도 처음에는 흥미로워하며 적극적으로 참여했습니다. 일기 대신 감사한 일 몇 가지만 짧게 적으면 되니까 좋았나 봅니다. 아이들이 써온 감사일기는 이런 것이었습니다.

감사일기

… 아침밥을 차려주신 엄마께 감사합니다.

… 필통을 가져오지 않았는데 짝꿍 영희가 연필을 빌려주어 감사합니다.

… 청소 끝나고 대한이가 기다려주어 집에 함께 가서 감사합니다.

아이들은 나름대로 자신이 느낀 감사함을 한 줄씩 적어나갔습니다. 아주 사소한 것에도 감사함을 표현했지요. 저는 저희 반 아이들이 쓴 것 중에 주제와 표현이 좋은 것은 전체 아이들 앞에서 읽어주기도 했습니다. 그러면서 우리가 주변을 어떻게 바라보아야 하는가에 대한 이야기를 나누었습니다.

그런데 한 달쯤 지나자 문제가 생기기 시작했습니다. 감사일기 자체의 문제라기보다 아이들의 태도가 조금 달라진 것 같았습니다. 집에서 감사일기를 작성하지 않고 학교에 와서 저에게 검사받기 직전에 급히 아무거나 썼습니다. 그러다 보니, 전날의 감사일기를 그대로 베껴 쓰는 아이들도 있었습니다.

좀 더 근본적인 문제가 있었습니다. 초등학생 아이들의 일상은 매일 별다른 변화 없이 반복됩니다. 만나는 사람도 소수로 정해져 있고, 감사할 일 또한 거기서 거기입니다. 감사한 일이 매일 똑같이 반복되니 적을 수 있는 내용도 똑같았습니다. 그러니 싫증이 날 수밖에 없지요. 어떤 아이의 감사일기는 항상 똑같은 문장이 3줄 적혀 있었습니다.

··· 엄마, 맛있는 밥을 챙겨주셔서 감사합니다.

··· 아빠, 우리 가족을 위해 돈을 벌어주셔서 감사합니다.

··· 선생님, 저에게 공부를 가르쳐주셔서 감사합니다.

그 아이는 위와 같은 내용을 매일 반복해서 쓰고 있었습니다. 저는 그 아이와 대화를 나누며 이 3가지 이외에 감사할 일이 정말 없는지, 다른 것은 무엇이 있는지 함께 찾아보았습니다. 주변을 둘러보면 친구도 있고, 학교도 있고, 또 자연도 있다는 사실을 알려주었습니다. 찾아보면 아주 사소하지만 감사할 일이 많다고, 찾는 데 노력을 기울여보자고 했습니다. 그런데 아이는 내내 뚱한 표정을 하고 있더니 이렇게 대답하더군요.

"하루에 일어나는 일 중에서 이 3가지가 제일 중요한 일이잖아요. 그러니 엄마, 아빠, 선생님께 감사한 일을 써야 하는 것 아닌가요?"

할 말이 없었습니다. 그 3가지가 감사한 일이 맞긴 하니까 쓰지 말라고 할 수도 없었습니다. 그런데 이런 일기가 점점 학급 전체로 퍼져나가고 있었습니다.

'왜 아이들은 소소하게 감사한 일들을 찾아내지 못하는 거지?'

처음에는 이렇게 투덜대며 아이들을 탓하기도 했습니다. 하지만 가만히 생각해보니 저의 접근방법이 문제였습니다.

실패로 끝난 현장연구

처음에 아이들에게 감사일기를 써보자고 했을 때, 저는 아이들이 감사일기를 쓰면 관찰력이 높아져 긍정적인 자아감을 가질 것이고, 그러면 결국 행복해질 것이라는 저만의 가설을 세웠습니다.

감사일기 작성 → 관찰력 증진 → 생각 전환 → 감사한 마음 증진
→ 올바른 심성함양 → 긍정적 자아감 증대 → 행복

그런데 가설의 첫 단계에서부터 문제가 있었습니다. 감사일기가 관찰력을 증진시킨다는 첫 번째 단계 말입니다. 이것을 검증해줄 만한 근거는 아무것도 없었습니다. 그저 제 바람이었을 뿐이지요.

아이들이 감사일기를 제대로 쓰게 하기 위해서는, 먼저 주변 상황과 현상의 이면을 볼 수 있는 눈을 키워주어야 했습니다. 그런 훈련이 선행되어야 관찰력도 좋아지고, 감사한 일도 잘 찾아낼 수 있는 것입니다.

또한 아이들이 쓴 감사일기 속 문장들은 대부분 너무 포괄적이었습니다. 아이들은 구체적으로 표현하는 것을 어려워했습니다. 감사한 마음이 일어난 상황을 좀 더 자세히 서술해보자고 이야기해도, 아이들은 제가 기대한 것만큼 구체적으로 쓰지 못했습니다. 저의 추상적인 안내가 아이들의 마음속까지 들어갈 수가 없었던 것일까요?

감사일기

… 엄마께서 퇴근해 오셔서 저의 저녁밥을 챙겨주셔서 감사합니다.

이런 문장을 쓴 아이가 있습니다. 아이 입장에서 보면 엄마가 밥을 챙겨주는 일이 감사하긴 하지만 한편으로는 당연한 일 같습니다. 하지만 이 문장의 이면에는 늦은 퇴근으로 발을 동동거리며 장을 보고, 급하게 저녁상을 차렸을 엄마의 마음이 있습니다. 그런 마음이 보여야 진정으로 감사할 수 있지요. 하지만 아이들은 아직 그것까지 볼 수 없습니다. 저는 그 사실을 간과했던 것이지요.

유치원생 아이들은 엄마가 돈이 없다고 말하면, 은행에 카드를 가지고 가면 돈이 나온다고 말합니다. 엄마가 ATM기에 카드를 넣고 돈을 찾는 것을 보았기 때문입니다. 그런 아이들에게 돈이란 그저 카드만 집어넣으면 언제든지 나오는 것입니다. 초등학교 고학년 학생들도 크게 다르지 않습니다. 겉으로 보기에는 다 자란 것 같아도 아직 아이입니다. 상황을 전체적으로 볼 수 있는 통찰력이 부족합니다. 그런 점이 감사함을 내면화하기 어려운 요인 중 하나였습니다.

그럼에도 불구하고 저는 제 가설이 입증될 것이라는 사실을 의심하지 않았고 계속 감사일기를 지도했습니다. 하지만 제 기대와는 달리 시간이 갈수록 감사일기는 아이들에게 스트레스를 주고 거짓 감사를 만들어낼

뿐이었습니다.

어느 날《양육쇼크》라는 책을 읽다가 제 머릿속에 '띵~!' 하는 소리가 울려 퍼졌습니다. 아이들은 지금 자신이 누리는 편안한 삶이 그저 우연히 얻어지는 것이고 당연하다고 생각한다는 것입니다. 아이들에게 감사의 감정을 불러일으키려면 반드시 의도한 보상과 비용이 주어져야 하며, 그 일이 아이 자신에게 유익해야 한다는 내용이었습니다.

예를 들어 부모님이 휴대폰을 새것으로 바꾸어주거나 옷을 사줄 때, 아이들은 모두 진심으로 감사했습니다. 보상, 비용, 유익함이라는 3가지 조건이 모두 충족되었기 때문입니다. 그래서 아이들은 더 없이 큰 감사를 느낍니다. 그러니 평소 부모님의 노고와 교사들의 희생은 별로 감사할 일이 아니었습니다. 그것은 위의 3가지 조건을 충족시키지 않기 때문입니다. 그것은 당연한 것이었습니다.

5학년 아이들의 감사일기가 매일 똑같은 문장으로 반복될 수밖에 없었던 이유가 바로 그것이었습니다. 아이들이 감사함을 찾기 어려워한 이유를 저는 책에서 발견했습니다. 결국 6개월 만에 저희 반 아이들의 감사일기 쓰기는 중단되었습니다.

어떻게 해야 아이들이 감사함을 찾고 느끼고 감사일기로 제대로 표현할 수 있을까요? 저는 고민했습니다. 먼저 아이들에게 자신들의 현재 삶이 다른 누군가의 희생 덕분에 가능하다는 것을 알려주어야 했습니다. 그

것이 감사일기의 선행조건이었습니다.

감사하기. 인간이라면 당연히 해야 할 도리입니다. 하지만 저는 '인간이라면' 당연한 것이니 어른에게나 아이에게나 모두 똑같이 적용시킬 수 있다고 잘못 생각했습니다. 그리고 제가 잘못 생각한 것이 또 하나 있습니다. 감사일기를 쓰면 아이들이 바른 인성과 긍정적인 태도를 가질 거라고, 긍정성이 생기면 부정적인 마음은 당연히 없어질 거라고 생각했습니다. 하지만 그런 이분법적인 사고가 현실에서는 맞지 않았습니다. 실제로 아이들에게 적용시켜보니 감사함을 갖는 것만으로 부정적인 마음을 밀어낼 수는 없었습니다.

결국 감사일기에 관한 저의 현장연구는 실패로 끝났습니다. 다수의 학생들에게 적용시키기에는 제 연구가 부족했던 것 같습니다. 하지만 그 후로 저는 학생들을 지도할 때 성급한 일반화의 오류나 이분법적 사고에 빠지지 않도록 유의하게 되었습니다. 심리학이나 인간발달에 관련된 서적도 훨씬 더 많이 찾아서 읽게 되었지요.

교사는 아이들에게 단순히 교과지식만을 가르치는 사람이 아닙니다. 스스로 교양과 지식의 폭을 넓혀 좀 더 깊이 있는 배움을 나누어주어야 합니다. 그런 생각 덕분에 독서에 대한 제 의지는 더욱 강해졌습니다.

감사나 존중, 배려 같은 도덕성을 함양하는 방법은 아이들의 발달단계마다 다릅니다. 기본적인 원칙은 변함없지만, 초등학생에게는 초등학생

수준에 맞는 방법이 있고 중고등학생에게는 그들에게 맞는 방법이 있습니다. 감사일기를 작성하는 방법 역시 아이들의 정서적, 인지적 발달단계에 따라 다를 수밖에 없습니다. 그런 점에 대해 좀 더 연구를 하다 보니, 성인인 저 자신이 감사일기를 쓰는 방법에도 몇 가지 문제점이 있다는 것을 발견했습니다. 그래서 저는 그 문제점을 찾아내고 수정했습니다. 예를 들어, 감사일기의 표현이나 문체를 바꾸었습니다. 그런 식으로 감사일기에 대해 다각도로 점검해보니 내용이 확실히 더 좋아졌습니다.

실패의 경험은 저에게 또 다른 도약의 기회를 주었습니다. 이 자리를 빌려 그때 저와 함께 감사일기를 썼던 5학년 1반 친구들에게 고마움과 미안함을 전해봅니다.

인간관계 스트레스가
눈처럼 녹다

— 슬이 이야기

저는 매사를 남과 비교하며 '나는 남보다 부족한 사람'이라고 생각했습니다. 감사일기를 만나고 난 후부터는 그런 생각이 점점 사라지면서 저 스스로를 사랑하게 되었고, 무엇이든 이뤄질 것이라고 긍정적으로 생각하며 행동하기 시작했습니다. 실패하거나 좌절에 빠졌을 때 극복하는 시간도 짧아졌습니다.

그러다 보니 조급함이나 미리 걱정하는 버릇도 점점 사라졌습니다. 마음에 여유가 생기니 새로운 것에 도전할 수 있는 자신감이 생겼습니다. 그래서 예전과 달리 새로운 사람들을 많이 만나고 여러 모임에도 나가게 되었습니다. 걱정이 과하고 무엇이든 주저하는 경우가 많았던 제가 이렇게 무언가 새로운 것에 도전할 수 있는 실천력이 생겼다는 사실이 저조차도 무척 신기할 정도입니다.

또 하나의 변화는 독서입니다. 제가 초등학생이었을 때, 저희 어머니는 저에게 "제발 만화책이라도 읽어라!"라고 하셨습니다. 그런 말을 들을 정도로 저는 책을 멀리했고, 제 생각을 글로 쓰는 것도 좋아하지 않았습니다. 그런데 그런 제가 2014년 상반기에만 60권의 책을 읽었습니다. 한 달에 10권을 본 셈이지요. 이것은 저에게 정말 놀라운 변화입니다. 감사일기를 쓰면서 독서의 필요성과 중요성을 절감했기에 가능했던 것 같습니다. 거기에 더하며 매일 일기를 쓰

다 보니 글쓰기 실력도 향상되었습니다. 처음에 쓴 감사일기와 요즘 쓴 것을 비교해보면 정말 큰 차이가 있습니다. 제 일기지만 날이 갈수록 재미있어집니다.

그런데 감사일기의 힘은 독서나 글쓰기에서 끝난 것이 아니었습니다. 별로 상관없을 것 같아 보이는 인간관계도 좋아졌습니다. 이유는 바로 제 마음의 변화 때문이었습니다. 저 자신이 밝아지니 제 주위에 좋은 사람들이 모여들기 시작하였습니다. 그러다 보니 예전과 달리 인간관계로 인한 스트레스가 많이 줄었습니다. 저는 하루하루 제가 생각하는 좋은 사람으로 변화하고 있습니다. 이런 변화는 감사일기가 저에게 가져다준 축복입니다. 축복을 함께 나누기 위해 저 역시 감사일기를 좀 더 많은 이에게 전하고 있습니다.

왜 나에게만?
역시 나에게는!

— 선미 이야기

저는 사실 친구의 강제적인(?) 요청 때문에 감사일기를 쓰기 시작했습니다. 처음에는 쓰기 싫어서 그 친구에게 온갖 핑계를 대며 1주일에 1회 정도만 겨우 겨우 썼지요. 그러다 시간이 좀 지난 후에는 주 2~3회로 늘렸습니다. 매일 쓰는 것도 아닌데, 그럼에도 불구하고 저에게 의미 있는 변화가 찾아왔습니다.

예전에 저는 '왜 나에게만?' 하는 부정적인 생각을 많이 했습니다. 하지만 지금은 '역시 나에게는!' 하는 긍정적인 생각을 더 많이 합니다. 친구들에게도 "내 친구여서 고맙다."는 말을 종종 하게 되었고, 버스를 탈 때도 운전기사님께 꼭 제가 먼저 인사하게 되었습니다. 제가 보낸 긍정의 기운들은 더 큰 에너지가 되어 전부 다 저에게로 돌아왔습니다.

그리고 제 감정을 좀 더 솔직하게 표현하게 되었습니다. 감사일기를 쓰면 거짓말을 할 수 없습니다. 이것은 저에 대한 기록이고 제 감정을 표현하는 수단이지, 과시의 도구는 아니기 때문입니다. 물론 감사일기를 다른 사람들과 공유하긴 하지만, 이것은 보여주기 위해서가 아닌 '감사에너지'를 나누기 위한 목적입니다. 다른 분들이 느낀 일상의 진솔한 감사 이야기를 읽으면 제 일상도 그렇게 감사함으로 물들어가는 듯했습니다.

이러한 솔직함은 제 일상에 매우 긍정적으로 작용했습니다. 어떤 일이 생겼을 때 화를 내거나 짜증을 폭발시키기 전에 제 감정을 좀 더 객관적으로 표현하게 되었습니다. 그전까지는 감정기복이 큰 편이어서 갑작스럽게 짜증낼 때가 왕왕 있었는데 감사일기를 쓴 이후로는 감정을 비교적 잘 조절하게 되었습니다. 제가 느낀 감정을 곰곰이 생각하고 글로 쓰는 과정에서 생긴 의외의 소득이었습니다. '이런 일이 있었고 그래서 기뻤고 감사했다.' 혹은 '이런 일이 있었고 그래서 화가 났지만 얼른 잊어서 감사했다.' 등 일상에서 겪은 일들과 그로 인해 생겨난 감정의 인과관계를 차분히 써내려가는 과정을 통해, 저는 저에 대해 더 많이 알게 되었습니다. 감정의 실체를 알아가면서, 제 마음가짐에 따라 결과가 달라진다는 것, 감사할 일인지 화낼 일인지는 제 선택일 뿐이라는 것도 알았습니다.

그리고 감사일기 덕분에 일상을 긍정적으로 받아들이고 좋은 일을 소망했더니, 대부분의 문제들이 잘 해결되었습니다. 예전엔 걱정도 많았는데, 지금은 곧 다 잘 해결될 거라고 생각합니다. 가끔 감사요청일기를 적기도 하는데, 그러면 정말 마법처럼 즐거운 일들이 일어납니다.

처음에는 큰 기대 없이 쓰기 시작했지만, 쓰다 보니 오히려 제 안의 긍정성을 발견하게 되었고 더욱 굳건하게 키워가고 있습니다. 또한 '나를 힘들게 하는 사람은 바로 나 자신'이었다는 사실을 알게 되었습니다. 스스로를 자책하며 힘들게 사는 게 아니라 긍정적인 변화와 깨달음에 감사하는 저를 만나게 되었습니다.

실제로 처음에 쓴 일기와 80일쯤 지난 후에 쓴 일기를 비교해보면, 제가 얼마나 달라졌는지 알 수 있을 것입니다

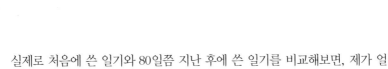

감사일기

처음 쓴 일기

⋯ 아침에 다른 사람의 도움 없이 스스로 일어나서 감사합니다.

⋯ 모의고사를 봐서 감사합니다.

⋯ 점심으로 산채비빔밥, 과일샐러드, 젤리를 먹어서 감사합니다.

⋯ 늦지 않게 자료를 보내주신 동료 선생님들께 감사합니다.

⋯ 일이 일찍 끝나서 감사합니다. 비가 왔는데 우산을 들고 저를 데리러 와주신 부모님께 감사합니다.

⋯ 동생의 임신 소식에 감사합니다. 기다리던 소식이어서 더욱 감사하고, 동생이 몸 관리를 잘해서 순산하길 기도합니다.

⋯ 좋아하는 과자를 두 봉지나 먹어서 감사합니다. 하지만 이제 줄이겠습니다.

⋯ 비가 오는데 같이 공부를 하러 와준 친구 설리에게 감사합니다. 피곤했을 텐데도 와주어서 감사합니다.

⋯ 단골 카페에서 준 쿠폰 덕분에 커피 2잔을 1잔 가격에 마셨습니다. 감

사합니다.

··· 요가원에 가서 요가도 하고 샤워도 하고 온 것에 감사합니다.

··· 비도 오는데 몇 시간 동안 짐을 들고 돌아다니는 아저씨가 건강하시길 바랍니다. 마음이 쓰였으나 아무것도 하지 못한 것을 반성합니다.

··· 슬이의 감사일기에 감사합니다.

80일 후 변화한 감사일기

··· 아침에 피곤해서 그런지 일찍 일어나지 못했습니다. 그래도 지각하지 않아서 감사합니다. 감사합니다. 체력이 회복되길 바랍니다. 항상 아침에 주스를 갈아주시는 엄마께 감사합니다. 감사합니다. 감사합니다.

··· 영어학원에 가서 즐거운 시간을 보내서 감사합니다. 선생님도 좋으시고 같은 반 수강생들도 무척 재미있습니다. 덕분에 즐거운 마음으로 하루를 시작할 수 있었습니다. 늦지 않게 가서 더 열심히 공부하도록 하겠습니다. 감사합니다. 감사합니다. 감사합니다.

··· 기운이 없었지만, 업무가 많지 않아서 별로 힘들지 않은 하루였습니다. 감사합니다. 감사합니다. 감사합니다.

··· 동료 선생님들과 이야기할 수 있는 시간이 주어져서 감사합니다. 이야기를 하면서 사소한 것의 중요성을 알게 되었습니다. 그리고 내가 문제가 되지 않는다고 생각한 것이 다른 분들에게는 문제가 될 수 있다는 것

을 알았습니다. 남의 일이었지만 나도 배울 수 있는 기회가 되어서 감사합니다. 항상 많은 분들이 나에게 도움을 주셔서 감사합니다. 감사합니다.

… 근무를 마치고 곧장 치과에 갈 수 있어서 감사합니다. 염증을 잘라낸 부위가 잘 낫길 바라며, 잇몸을 잘 관리하라는 깨달음을 주어 감사합니다. 단것이 염증에 좋지 않다고 말해주신 의사 선생님께 감사합니다. 항상 친절하게 대해주시는 치과 선생님들께 감사합니다. 감사합니다.

… 치과에서 치료를 마치고 은지를 만나서 감사합니다. 치료가 좀 일찍 끝나서 근처 가게에서 물건을 구경하며 기다렸습니다. 은지가 치과까지 저를 데리러 와줘서 감사합니다. 저번에 가지 못했던 브런치 가게에 갔습니다. 평일이라 사람이 없어서 한가롭게 먹을 수 있어서 감사합니다. 맛있는 음식을 사준 은지에게 감사합니다. 감사합니다. 감사합니다.

… 저녁을 먹고 은지와 산책할 수 있어서 감사합니다. 날이 덥고 몸이 안 좋아서 운동을 못했습니다. 몸이 무거웠는데 산책로를 걸을 수 있어서 무척 좋았습니다. 그 근처에 자주 갔는데도 공원이 있다는 것을 몰랐습니다. 알게 되어 감사합니다. 노을이 지는 하늘을 보며 걸어서 더 좋았습니다. 은지와 재미있는 이야기를 많이 나누어서 감사합니다. 감사합니다.

… 산책을 하고 시원한 음료를 마시게 되어서 감사합니다. 어디로 갈까 고민하며 여기저기 돌아다니다가 발견한 카페에 감사합니다. 갈팡질팡했지만 서로 별다른 의견 대립 없이 좋은 곳에 갈 수 있어서 감사합니다. 은

지와는 대학교 때 캠프에서 만나 여행도 함께 다녔는데, 한 번도 다투거나 멀어졌던 적이 없었습니다. 우연히 만났지만, 이제는 곁에서 일상을 나누는 친구가 되어주어 감사합니다. 감사합니다. 감사합니다.

… 음료에 대해서 이것저것 물어보아도 귀찮아하지 않고 친절하게 대답해주신 카페 사장님과 아르바이트 직원님 감사합니다. 맛있는 주스에 감사합니다. 친구와 맛있는 음식을 나눌 수 있는 돈이 있어 감사합니다. 감사합니다. 감사합니다.

… 집까지 차로 데려다준 은지에게 감사합니다. 비록 요가수업에는 늦어서 참석할 수 없었지만 잠깐 들러 선생님과 인사하고 씻고 올 수 있어서 감사합니다.

감사요청일기

… 요가수업에 가서 열심히 운동을 하는 나에게 감사합니다. 감사합니다.

… 나는 매일 모든 면에서 좋아지고 있습니다. 감사합니다. 감사합니다.

… 나는 항상 좋은 사람들을 만나 좋은 곳에 갑니다. 감사합니다.

… 책을 읽을 시간이 주어짐에 감사합니다. 감사합니다. 감사합니다.

Part 3.

오늘부터
감사일기를 쓰자

감사일기는 일반적인 생활일기와 달리 주제가 하나가 아니라 여러 가지이고, 모든 주제가 감사함으로 마무리됩니다. 그리고 미래에 대한 감사요청일기까지 포함된다는 차이점이 있습니다. 제가 여러 시행 착오를 거치면서 완성한 감사일기 작성의 7가지 원칙은 다음과 같습니다. 한 줄이라도 좋으니 매일 쓰기, 주변의 모든 일을 감사하기, 무엇이 왜 감사한지를 구체적으로 작성하기, 긍정문으로 쓰기, '때문에'가 아니라 '덕분에'로 쓰기, 감사요청일기는 현재시제로 작성하기, 모든 문장은 '감사합니다.'로 마무리하기. 습관처럼 모든 일에 감사함을 느끼는 마음근육을 키우고, 매일 한 줄이라도 기록함으로써 두뇌에 각인시킨다면 누구나 감사일기 쓰기의 달인이 될 수 있습니다.

감사일기,
어떻게 시작하지?

'그림일기'를 기억하시나요? 대한민국에서 초등학교를 다녀본 사람들은 거의 대부분 써봤을 것입니다. 학년이 올라가면 그림은 빼고 그냥 글로만 쓰는 생활일기로 바뀌지요. 방학숙제 중에도 일기쓰기가 있는데, 매일 검사받는 게 아니다 보니 개학날이 가까워질 때 밀린 일기를 써본 기억들이 다들 있을 것입니다. 학년이 올라갈수록 일기의 순수한 목적은 사라지고 오로지 매일 해야 하는 괴로운 숙제가 되어버리곤 합니다.

초등학생 아이들의 일기는 매일 반복되는 일상의 이야기로 채워집니다. 그다지 특별한 일이 일어나지 않기 때문이지요. 그런데 어릴 때도 지겨워서 쓰지 않았던 일기를 성인이 되어서, 그것도 하루도 빠짐없이 쓰라고 이야기하는 책이 바로 지금 읽고 계신 이 책입니다.

일기면 일기지, 감사일기는 뭐가 다른가?

초등학생들에게 생활일기 쓰는 법을 가르칠 때 저는 이렇게 설명합니다. 그날 경험한 일 중에 가장 중요한 일이나 인상 깊었던 일 한 가지를 골라 주제로 정하고, 그것에 대해 느낀 점이나 반성할 점에 대해 써보라고 말입니다. 제목도 한 줄 뽑아보고, 가급적이면 경험한 일의 기승전결을 짜임새 있게 쓰라고도 합니다.

그 외에도 거짓 없이 솔직하게 쓰자, 매일 되풀이되는 것은 가급적 쓰지 말자, 미루지 말고 꼬박꼬박 쓰자 등을 이야기합니다. 생활일기의 목적은 일상을 되돌아보면서 거기에서 깨달음을 얻는 것이니까요.

이제까지 이야기했던 감사일기는 생활일기와 비교해 3가지 차이점이 있습니다.

첫 번째 차이점은 주제가 하나가 아니라 여러 가지라는 것입니다. 초등학교 때 쓴 일기는 한 가지 주제를 정하고 그것에 대해 이야기를 풀어갑니다. 하지만 감사일기는 감사한 일을 찾아 적는 것이기 때문에 20가지도 넘게 쓸 수 있습니다. 자신의 행동부터 주변에서 일어난 일까지 감사한 것을 모조리 적습니다.

두 번째 차이점은 모든 주제가 감사함으로 마무리된다는 것입니다. 생활일기가 그날 하루를 반성하고 느낀 점이나 배울 점을 찾는 것이라면,

감사일기는 반성해야 하는 일이든 후회스러운 일이든 모든 주제에 대해 감사함을 느끼는 것으로 마무리합니다. 반성일기가 아니므로, 반성보다는 감사에 초점을 맞춥니다.

세 번째 차이점은 미래에 대한 감사요청일기까지 포함된다는 깃입니다. 생활일기가 그날 하루의 반성과 성찰에 의미를 두는데, 감사일기는 거기다 추가로 미래에 대한 감사까지 미리 요청하고 준비합니다. 제가 여러 가지 시행착오를 거치면서 완성한 감사일기 작성의 7가지 원칙은 아래와 같습니다.

원칙 1. 한 줄이라도 좋으니 매일 써라.
원칙 2. 주변의 모든 일을 감사하라.
원칙 3. 무엇이 왜 감사한지를 구체적으로 작성하라.
원칙 4. 긍정문으로 써라.
원칙 5. '때문에'가 아니라 '덕분에'로 써라.
원칙 6. 감사요청일기는 현재시제로 작성하라.
원칙 7. 모든 문장은 '감사합니다.'로 마무리하라.

원칙 1.

한 줄이라도 좋으니
매일 써라

"그래, 결심했어. 오늘부터 꼭 써야지."

우리는 새롭게 변화하고 싶을 때 '결심'을 합니다. 생각과 실행을 이어주는 연결고리가 결심입니다. 그런데 그 굳은 결심이라는 것이 실행으로 이어지더라도 하루를 넘기지 못합니다. 대부분의 결심은 늘 '3일 천하'로 끝나고 맙니다. 길면 1주일 정도 버텨도 열흘쯤 지나면 처음의 결연했던 마음가짐은 느슨해지고 맙니다.

오랫동안 되풀이된 행동방식이 '습관'으로 굳어지는데, 하던 대로 하지 않고 새로운 방식을 시도하면 몸에서 거부반응이 일어납니다. 대체 왜그럴까요? 우리의 몸은 환경의 변화와 상관없이 언제나 안정된 상태를 유지하고 싶어 합니다. '항상성'이라고 부르지요. 자동 냉난방장치에 온도를 설정해놓으면 신경 쓰지 않아도 실내온도가 일정하게 유지되는 것과 비슷합니다. 새로운 방식은 설정된 상태에서 벗어난 것이라서 우리 몸은 거부감을 갖고 원래 방식으로 자꾸만 돌아가려고 합니다. 항상성은 우리 몸을 보호하는 중요한 특성인데, 그것 때문에 새로운 일에 대한 결심은 번번이 흔들리고 맙니다.

3일 정도 감사일기를 쓰고 나면 서서히 거부반응이 옵니다.

'이걸 쓴다고 뭐가 달라지겠나?' 하는 회의와 '하루쯤 안 쓴다고 큰일이야 나겠어?' 하는 귀찮은 생각이 듭니다. 그러다 보면 '해야 할 일이 얼마나 많은데, 별로 급하지도 않은 감사일기를 지금 꼭 써야 하나? 그냥 내일 쓰자.' 하고 타협하게 됩니다. 자기통제력이 약한 사람일수록 쉽게 타협합니다.

무엇인가를 하루도 빼먹지 않고 실천한다는 것은 결코 쉬운 일이 아닙니다. 습관이 되기 전에는 참으로 어렵지요. 하지만 무슨 일이든지 매일 하지 않으면 결코 제대로 되지 않습니다.

가장 힘든 고지는 바로 방문턱

작심삼일. 이 말은 원래 '결심이 3일밖에 못 간다.'는 것을 꾸짖는 표현이지만, 저는 3일에 1번씩 결심하기로 결심했습니다. 3일밖에 못 간다면,

3일에 1번씩 새로 결심하면 됩니다. 그렇게 '작심삼일'을 2번 하면 6일이 되고, 7번 하면 21일이 됩니다. 말장난처럼 들릴지 모르지만, 그래도 작심하고 작심하여 실행하다 보면 자신의 삶을 변화시킬 새로운 호르몬이 흘러나오게 됩니다.

제가 수영을 처음 배울 때 경험한 일을 이야기해보겠습니다. 수영은 제가 평생 동안 절대로 하지 않을 것이라고 생각해왔던 운동입니다. 그런 제가 5년 전에 수영을 배우기 시작해 무려 2년 6개월 동안 중간에 그만두지 않고 했습니다. 남들은 '수영을 배우는 게 뭐가 그렇게 어려운 결심이냐?'고 반문하겠지만, 저에게는 일생일대의 대사건이었습니다. 어릴 적에 바닷가에서 물에 살짝 빠진 경험이 있었는데, 그것이 저에게는 트라우마로 남았기 때문입니다. 대학시절에 친구들이 수영을 하기에 저도 따라 시작했지만, 재미고 나발이고 일단 물에 몸을 담그는 것부터가 너무 싫었습니다. 꾸역꾸역 한 달을 채우고 그만두면서 앞으로는 절대 수영을 배우지 않겠다고 결심하기도 했습니다.

그런 제가 수영을 시작하게 된 이유가 있습니다. 5년 전쯤 건강이 너무 안 좋아졌습니다. 병원에 가보니 무엇이든 당장 운동을 시작해야 한다고 조언해주시더군요. 생활습관에 변화가 필요했습니다. 그때 저는 도전의 기회를 잘 활용해보고 싶어서 제가 가장 두려워하는 운동인 수영을 선택했습니다. 그것도 새벽 6시에 시작하는 강습으로 말입니다. 솔직히 워킹맘이라는 제 여건상 퇴근 후에는 아이들을 돌봐야 했기 때문에 운동할 수 있는 시간이 새벽밖에 없었습니다.

새벽 6시에 수영강습이 시작되니 적어도 5시 30분에는 집을 나서야 했습니다. 대체 이렇게 이른 시간에 누가 수영을 하러 올까 싶었는데, 새벽 강습에 가보니 많은 사람들이 열심히 운동을 하고 있었습니다. 정말 놀라울 정도로 많았습니다. 덕분에 저도 열심히 사는 사람이 된 듯해서 스스로가 굉장히 기특했습니다. 게다가 주위 사람들에게 '새벽에 수영을 배우러 다닌다.'고 말하면, 다들 얼마나 폭풍 칭찬을 해주는지 부끄러울 정도였습니다.

하지만 그 당시에 새벽에 일어나는 것이 저에게는 정말 고역이었습니다. 퇴근하고 집에 돌아오면 아이들을 챙기고 집안일 하기에도 시간이 모자랍니다. 게다가 책도 읽고 TV도 좀 보면 늦게 잠들게 되고, 그러니 당연히 새벽에 일어나는 게 힘들었습니다. 저의 작심은 3일은커녕 하루도 못 갈 듯한 상황이었습니다.

그렇게 석 달쯤 지나자 저에게도 변화가 찾아왔습니다. 새벽 수영을 빼먹으면 하루 종일 몸이 찌뿌드드하고 피곤했습니다. 어느덧 새벽 수영이 습관이 된 것입니다. 그렇다고 해서 아침에 일어나는 것이 쉬워진 것은 결코 아닙니다. 새벽에 수영을 하면 하루 종일 활기차고 기분도 상쾌했지만, 아침에 일어나서 집을 나서는 것은 여전히 무척 힘들었습니다. 하루도 힘들지 않은 날이 없었습니다.

매일 등산을 하시는 어떤 분이 이런 말을 하셨습니다.

"산을 오를 때 가장 힘든 고지가 어디인 줄 아는가? 바로 방문턱이다." 방문턱을 넘고 집을 나섰다면, 이미 산 정상에 서 있을 준비가 된 것이라는 말씀이지요. 저의 새벽 수영도 마찬가지였습니다. 새벽에 일어나 방문턱을 넘는 것이 가장 어려운 고비였습니다. 저는 매일 새벽 방문턱과 대치 상태였습니다.

'오늘 이 방문턱을 넘어? 말아?'

침대에 누워서 한참 동안 머릿속으로 전쟁을 치릅니다. 어떤 날은 제가 이기고 어떤 날은 방문턱이 이겼습니다. 그래도 저희 동네 수영장이 문을 닫을 때까지 2년 6개월 동안 저는 포기하지 않고 수영장에 다녔습니다. 매일 새벽 방문턱과 전쟁을 치르면서 말이지요.

그런데 그렇게 열심히 다녔던 수영장이 내부 사정으로 문을 닫게 되었습니다. 그때 제 마음이 어땠을까요? 섭섭했을까요? 아이러니하게도 저는 속으로 '만세!'를 부르며 좋아했습니다. 새벽에 일어나지 않아도 될 핑계거리가 생겼기 때문입니다. 2년 넘게 굳은 습관으로 만들었다고 생각했건만, 그것 역시 와르르 무너지는 데는 하루도 안 걸렸습니다.

갑자기 제가 왜 수영 이야기를 이렇게 길게 하는지 궁금하실 겁니다. 감사일기를 쓰는 것이 수영을 배우러 가는 것과 비슷하기 때문입니다. 수영을 하려면 새벽에 방문턱을 넘어야 하는 것처럼, 감사일기를 쓰려면 밤에 노트를 펼치거나 스마트폰의 앱을 열어야 합니다. 어쩌면 그것이 가장 넘기 어려운 고비일 수도 있습니다.

내게 좋은 것이고 필요한 것인 줄 알아도, 매일 무엇인가를 꾸준히 실행한다는 것은 정말 어려운 일입니다. 저의 감사일기도 마찬가지였습니다. 제가 새벽마다 방문턱과 싸워 이긴 후 수영장에 간 것처럼, 감사일기의 첫 문장이 시작되면 언제 그렇게 싸웠나 싶을 정도로 많은 감사의 문장들이 쏟아져 나왔습니다. 그렇게 감사일기를 쓰고 나면 마음이 그렇게 가벼울 수가 없습니다. 수영을 하고 나면 온몸이 개운한 것처럼 말이지요.

그런데 수영과 감사일기는 매일 실천하는 것은 똑같지만 차이점이 분명히 있습니다. 수영은 어릴 적에 배운 자전거 타기처럼 오랫동안 하지 않아도 다시 조금만 연습하면 금세 예전처럼 잘할 수 있게 되는 '운동성 기억'입니다. 제가 수영을 그만둔 지 몇 년이 지났지만 아마 지금 다시 시작해도 2~3개월 정도만 연습하면 그때의 실력으로 돌아갈 수 있을 것입니다.

감사일기도 그런 점에서는 비슷합니다. 꾸준히 작성하다가 어느 날 중단하더라도 다시 시작하면 금방 감사함을 마음에 담을 수 있습니다. 감사일기를 쓰면서 하루하루를 감사한 마음으로 보내다 보면 자신도 모르게 감사하는 마음의 근육이 키워지기 때문입니다. 그런 의미에서는 감사일기도 마음근육에 새겨지는 운동성 기억이라고 할 수 있습니다. 마음근육 속에 감사의 씨앗을 심는 셈입니다.

하지만 감사일기를 통해 깨닫게 된 감사함이 우리의 뇌에 머물렀다고 해도 영원히 남는 것은 아닙니다. 고등학교 때 배운 미적분을 왜 지금은 풀지 못하는 것일까요? 반면 사칙연산은 왜 잊어버리지도 않고 평생 동안 이렇게 잘하는 것일까요? 너무 쉬워서 그럴까요? 아닙니다. 일상생활에서 무한반복으로 사용하기 때문입니다. 이런 것을 '인지성 기억'이라고 합니다. 감사일기는 '인지성 기억'과도 연관이 있어 보입니다. 반복적으로 감사함을 기록하면 마음속에 각인되겠지만 꾸준히 쓰지 않으면 미적분처럼 우리의 기억 속에서 '펑~!' 하고 사라질 수 있습니다.

이처럼 운동성 기억과 인지성 기억을 모두 동원해야만 머릿속은 물론이고 마음속에까지 감사일기가 굳건하게 자리 잡을 수 있습니다. 습관처럼 모든 일에 감사함을 느끼는 마음근육을 키우고, 매일 한 줄이라도 기록함으로써 두뇌에 각인시켜야 합니다.

습관이 되는 시간, 21일

학생들에게 매일 노력하는 일에 대해 이야기할 때 저는 단군신화를 자주 언급합니다. 인간이 변화하는 과정에서 꼭 필요한 3가지가 단군신화에 나옵니다. 어디까지나 제 의견입니다만, 곰이 인간으로 변하는 데는 3가지 조건이 필요합니다.

100일이라는 시간, 어두운 동굴, 쑥과 마늘.

어쩌면 현대인이 새로운 인간으로 탈바꿈할 때도 이 3가지가 필요하지 않을까 싶습니다. 100일의 시간, 혼자 이겨내야 하는 어두운 동굴 속의 외로움, 먹기 힘들지만 몸에 좋은 것. 이 3가지 조건이 갖춰져야 새로운 습관이 자리 잡고 몸도 마음도 변화를 맞이할 수 있습니다.

감사일기도 마찬가지입니다. 감사함이 마음체계에 자리 잡기 위해서는 최소한 100일 정도 작성해야 합니다. 감사일기를 작성하고자 하는 의지를 다지고 외로움도 꿋꿋이 이겨내야 합니다. 그리고 마지막으로 쑥과 마늘을 섭취하는 마음으로 감사일기를 작성해야 합니다. 이 3가지 조건이 충족되어야 진정으로 변화할 수 있습니다.

오늘 실패했다고 해서 내일도 실패하라는 법은 없습니다. 오늘 하루 걸렀다 하더라도 실망하지 말고, 또다시 작심하면 됩니다. 다시 새롭게 시작해서 100일 동안 지켜나가면 되니까요. 많은 위인들이 이야기한 것처럼 성공의 문은 실천이라는 노크를 지속적으로 할 때만 열립니다.

저 역시 감사일기를 매일 쓰기로 결심했을 때, 처음부터 100일 동안 해보겠다고 마음먹고 시작한 것은 아닙니다. 처음에는 딱 1주일만 매일 써보겠다고 작심했었습니다. 1주일 동안 매일 쓰고, 또다시 결심해서 1주일을 썼습니다. 그렇게 3주가 지나니, 흔히 말하는 삼칠일, 21일이 지나갔습니다.

'21일 완성'이라는 타이틀이 붙은 책을 많이 보셨을 것입니다. 뇌과학자들의 연구에 따르면, 어떤 행동이 습관으로 자리 잡는 데는 최소한 21일이 걸린다고 합니다. 그러니까 딱 3주일만, 굳게 마음먹고 써보십시오. 21일이 지났을 때 몰려오는 성취감은 정말 말할 수 없이 뿌듯합니다. 그렇게 21일씩 몇 번만 반복해서 쓰다 보면 금방 100일 지날 것이고, 그렇게 1년이 흘러갈 것입니다.

매일 감사일기를 작성하다 보면 두뇌와 마음근육이 '합리적인 긍정성'으로 가득 찹니다. 합리적인 긍정성이야말로 우리의 삶을 행복으로 이끌어주는 원동력이 되지요. 생존을 위한 활동을 제외하고 자신의 변화와 발전을 위해 매일 무엇인가를 의지를 갖고 실행한다는 것, 그 자체가 커다란 성과입니다.

오늘부터 1주일만, 그 후에는 21일만 써보십시오. 그리고 나서 정말로 100일만, 더도 말고 딱 100일만 써보십시오. 진지한 마음가짐으로 매일 감사일기를 적어보면 분명히 큰 변화가 일어날 것입니다. 마음의 깊이가 달라지고, 자신뿐만 아니라 주위 사람들까지 달라지는 것을 눈으로 확인할 수 있습니다. 여러분께 되돌아오는 감사의 부메랑에 아마 깜짝 놀라실 겁니다.

원칙 2.
주변의 모든 일을
감사하라

지금 눈을 감고 오늘 혹은 어제 하루를 떠올려보십시오.

감사한 일이 몇 가지나 떠오르나요? 이 질문에 여러 가지의 감사한 일이 곧바로 떠오른다면 둘 중 하나일 것입니다. 유난히 오늘이(혹은 어제가) 행운이 마구 쏟아진 희한한 날이었거나, 평소에 작은 일에도 감사함을 느끼고 감사할 줄 아는 사람이거나. 여러분은 어느 쪽에 속하나요?

예전의 저라면 둘 중 어느 쪽도 아니었을 것입니다. 아마 한 가지도 떠오르지 않았을 테니까요. 지금 방금 떠오른 감사한 일이 있다면 당장 펜을 들고 메모지나 수첩에 기록해보십시오. 쓰다 보면 자신도 모르게 입가에 미소가 지어질 것입니다

세상에 당연한 것은 없다

감사일기를 작성할 때 처음에는 '대체 뭘 써야 하나?' 하고 고민합니다. 그래서 평소와 다르게 뭔가 특별히 감사할 일이 생겼을 때 그것만 씁니다. 물론 그것은 당연히 기록해두어야 하지요. 하지만 앞에서도 말한 것처럼 주어진 것을 쓰기보다는 감사한 일을 능동적으로 찾아서 써야 합니다. 매일 똑같이 아침에 눈 떠서 낮에 일하고 밤에 잠드는 하루지만, 그 하루 중에 깨닫고 경험하는 모든 일에서 감사함을 찾아내도록 노력해야 합니다. 일상의 당연한 일들이 얼마나 감사한 일들인지 알아야만 변화가 시작될 수 있습니다.

당연함이 감사함으로.

감사일기를 쓰고 난 후 저는 이렇게 변화했습니다. 늘 당연하다고만 여겨왔던 것들이 더 이상 당연한 것이 아니라는 사실을 깨달았기 때문입니다. 주변 사람들과 대화를 나누다 보면, 예전의 제가 그랬던 것처럼, 사람들은 감사한 일들을 너무 당연하게 생각합니다. 앞에서 초등학생 아이들이 모든 일을 너무 당연하게 생각한다고 이야기했는데, 어른들도 별반 다르지 않았습니다.

세상에 당연한 것은 없습니다. 아이들의 사고체계로는 엄마는 당연히 밥을 차려주는 사람이고, 아빠는 돈을 벌어오는 사람입니다. 그런데 아이들만 그런 것이 아닙니다. 어른들도 그렇게 여깁니다. 흔히 가정에서 나에게 맡겨진 역할에 '당연함'이 깔려 있습니다. 가정뿐만 아니라 직장이나 사회에서도, 우리는 직책이나 직위에 걸맞은 역할을 하는 것을 당연하게 생각합니다.

"당연한 거 아냐?"라고 말하는 마음에는 감사함이 없습니다. 당연한 일인데 어떻게 감사한 마음이 깃들 수 있겠습니까? 이제 그 당연함이 왜 감사함인지 찾아나서야 할 때입니다.

우리가 당연하게 생각하는 것들 중 감사한 것을 찾아봅시다. 매 순간 반복되고 주변에 흔하게 있어서 당연하다고만 여겼던 것들을 생각해보십시오. 그런 것이야말로 가장 감사하게 여겨야 할 대상입니다.

제가 제일 먼저 생각해본 것은 공기와 물입니다. 생명유지에 가장 필수적인 것이지만, 우리는 늘 그 두 가지의 존재 자체를 잊고 삽니다. 저의 감사는 여기서 시작되었습니다.

마음껏 숨 쉴 수 있는 공기가 있고, 그것이 누구에게나 평등하게 주어진다는 사실은 정말 고마운 일입니다. 마실 수 있고 씻을 수 있게 해준 물도 마찬가지입니다. 생명을 유지시켜주는 것 이상의 충분한 물이 있었기 때문에 인류의 문화도 이렇게 눈부시게 발전했습니다. 인간이 냄새와 더러움에서 벗어나 청결을 유지한다는 것은 생존뿐만 아니라 자존감과 직결되는 문제이기도 합니다. 물이 충분했기 때문에 상하수도 시설을 비롯해 물과 관련된 각종 시설들이 발전했고, 목욕탕과 온천, 수영장, 스케이트장 역시 생겨났습니다. 이 모든 것이 물이 없었다면 누리지 못했을 호사입니다.

이렇게 물과 공기에 대한 감사함을 느끼고 적기 시작한 순간부터 저는 자연의 모든 것에 감사하게 되었습니다. 환경주의자가 된 것은 아니지만, 지구에서 살아가는 일원으로서 제가 할 수 있는 최소한의 노력은 해야겠다는 생각이 들었습니다. 쓰레기 분리수거를 조금 더 열심히 하게 되었고, 가급적이면 일회용품을 쓰지 않으려고 노력했습니다. 대단한 일은 아니더라도 물과 공기에 대한 감사함을 행동으로 실천해 보답하고자 하는 변화입니다. 앞에서 이야기했다시피 충동구매도 줄었고, 소비에 대해 한 번 더 생각해보는 습관을 가지게 되었습니다.

뇌는 당연한 것을 기억하지 않는다

여기서 잠깐, 뇌에 대한 이야기를 잠시 해보겠습니다. 뇌는 어떤 것을 잘 기억할까요? 우리의 뇌는 매 순간 들어오는 모든 정보를 다 기억하지는 못합니다. 필요한 것만 기억할 뿐입니다. 어떤 것에 집중하다 보면 그것 이외의 다른 것은 보지 못하는 경우가 종종 있습니다. 이러한 현상을

'변화맹'이라고 합니다. 뇌가 필요한 것만 기억하기 때문에 일어나는 현상인데, 주의를 기울여 선택하지 않으면 큰 변화가 일어나도 잘 모른다는 것입니다. 당연하다고 생각하고 행한 활동들은 기억나지 않습니다. 습관적이고 반복적인 일들은 뇌가 무의식적으로 행해줄 때가 많습니다.

그렇다면 우리의 뇌는 어떤 것을 잘 기억할까요? 감각적인 정보, 즉 시각, 촉각, 청각, 후각을 통해 들어온 정보들을 잘 기억합니다. 새로운 정보로 받아들여 빠르게 반응한다는 뜻입니다. 뇌는 새롭고 신기한 것을 관심을 가지고 기억합니다.

갑자기 뇌가 감사일기와 무슨 상관이 있느냐고 물으실지 모르겠습니다. 우리의 두뇌는 평범하고 당연한 것에는 관심이 없고 기억하지도 않습니다. 그러니 당연함 속에 있는 감사를 찾으려면 스스로 새롭게 인식해야 합니다. 새롭고 신기한 것으로 인식하지 않으면 우리 두뇌는 그냥 스쳐 지나갑니다. 감사함을 찾으려고 의식적으로 노력해야만 감사함이 인식되고 두뇌에서 마음으로 이동합니다. 당연한 것을 새롭고 신기한 것으로 보는 연습을 해야만 머릿속과 마음속에 감사함이 콕콕 박힙니다.

당연하다고 생각해버리면 이 세상에 감사할 일이 아무것도 없습니다. 요는, 감사함을 보고자 하는 쪽으로 세상을 보는 관점을 바꿔야 한다는 것입니다. 관점을 바꾸지 않으면 우리 주변에 이렇게나 많은 감사함이 있어도 하나도 찾을 수도 없고, 그것을 마음속에 넣어둘 수도 없습니다.

감사한 일 쉽게 찾는 법

우선, 주위를 둘러봅시다. 감사일기는 주변을 잘 살펴보는 것에서부터 시작합니다. 감사할 거리가 무엇이 있는지 매일 신경 써서 찾아야 합니다. 평소에 감사함을 잘 느끼며 사는 사람은 좀 다르겠지만, 그렇지 않은 사람은 10가지도 찾기 어렵습니다. 처음에는 단순한 것이라도 감사한 상황을 찾으려고 의식적으로 노력해야 합니다.

처음 감사일기를 쓰기 시작했을 때, 저는 하루에 3가지만 적기로 했습니다. 그런데 매일 3가지를 찾는 것도 쉽지 않았습니다. 그 숫자가 빨리 늘어나지 않았습니다. 왜 그랬을까를 지금 돌이켜 생각해보면, 그때는 제가 제 주변에 감사한 일이 그렇게 많은지 몰랐던 것 같습니다. 알아야 보이고, 보여야 감사할 수 있습니다.

처음에는 자연과 사람에 초점을 맞추었습니다. 하지만 그 이면에 숨어 있는 감사함을 찾다 보니 일상에서 접하는 여러 상황에 대한 감사함을 찾는 데까지 발전했습니다. 오른쪽 페이지에 예로 든 것들이 제가 감사일기를 작성하면서 발견한 감사의 상황들입니다. 자연에 대한 감사, 사람에 대한 감사, 사회에 대한 감사, 사물에 대한 감사, 나에 대한 감사, 꿈과 소망에 대한 감사로 크게 분류했습니다.

조금만 더 생각해보면 더 많은 상황과 시공간 속에서 감사를 발견할 수 있습니다. 자꾸자꾸 감사를 찾고 발견하다 보면 감사에 대한 관점이 바꼅니다. 관점이 바뀌면 더 많은 상황에서 감사함을 찾을 수 있습니다. 다음의 예시는 각자의 상황에 맞게, 자신에게 필요한 항목을 추가하거나 수정해서 사용해보면 좋을 것입니다.

자연에 대한 감사

- 대자연에 감사합니다.
- 식물에게 감사합니다.
- 동물에게 감사합니다.
- 구르는 돌, 무생물에도 감사합니다.
- 우주의 법칙에 감사합니다.
- 계절의 변화에 감사합니다.

사람에 대한 감사

- 가족에게 감사합니다.
- 친구에게 감사합니다.
- 이웃에 감사합니다.
- 직장동료에게 감사합니다.
- 인간관계에 감사합니다.
- 여러 직업 종사자분들께 감사합니다.

사회에 대한 감사

- 대한민국에 감사합니다.
- 전 세계에 감사합니다.
- 이웃에 감사합니다.
- 직장에 감사합니다.
- 학교에 감사합니다.
- 동아리 및 클럽, 사회단체에 감사합니다.
- 과거(현재)에 받은 모든 교육에 감사합니다.

사물에 대한 감사

- 생활도구에 감사합니다.
- 책에 감사합니다.
- 사회 제반시설에 감사합니다.
- 의식주를 도와주는 수단들에 감사합니다.
- 교통수단에 감사합니다.

나에 대한 감사

- 나의 몸과 마음의 건강에 감사합니다.
- 변화하고자 하는 나 자신에게 감사합니다.

- 사랑할 수 있음에 감사합니다.
- 일상의 편안함에 감사합니다.

꿈과 소망에 대한 감사

- 창조적인 시간이 주어짐에 감사합니다.
- 예술작품에 감사합니다.
- 깨달음에 감사합니다.
- 나의 소망에 감사합니다.
- 경제적 풍요로움에 감사합니다.
- 다른 이의 소망에 감사합니다.

원칙 3.

무엇이 왜 감사한지를
구체적으로 작성하라

"엄마, 나갔다 올게요."

"어디 가는데? 언제 오는데? 뭐하러 가는데? 누구 만나는데?"

"놀러요."

엄마의 많은 질문에 아이들의 대답은 딱 한 마디. 답답한 것은 언제나 질문을 한 사람입니다. 제대로 된 답을 듣지 못한 엄마는 속이 부글부글 끓지요. 기질적으로 말이 많고 설명하길 좋아하는 아이들을 제외하고 대부분의 아이들은 아주 간결하고 짧게 답합니다.

비단 자녀와의 대화만이 아닙니다. 우리는 상대방으로부터 속 시원하게 이유를 듣고 싶어 합니다. 남편, 친구, 동료 등 누구에게나 구체적이고 정확한 이야기를 듣고 싶어 합니다.

"왜냐하면…."

이 한 마디면 궁금증이 사라지고 갈등이 해소됩니다.

"엄마, 나갔다 올게요. 왜냐하면 철수 생일잔치에 가야 해서요."

나가는 이유가 분명해지면 끓어 넘치던 엄마의 마음은 어느 정도 가라 앉습니다. 그런데 이것이 타인과의 대화에서만 그럴까요? 그렇지 않습니다. 자신과의 대화에서도 마찬가지입니다. 명확한 이유를 표현하지 않으면 마음속에서 갈등이 끊임없이 일어납니다.

감사일기도 마찬가지입니다. 구체적으로 무엇 때문에 감사한지가 나타나지 않으면 감사함도 퇴색되고 오히려 갈등으로 변질됩니다. 감사함을 충만하게 느끼려면 반드시 '왜냐하면', '덕분에' 감사하다고 표현해야 합니다. 바로 그때 우리가 느낀 감사의 감정은 훨씬 더 진실해지고, 그것을 더 편안하게 받아들일 수 있습니다. 예를 들어 이런 것입니다.

🖌 감사일기

… 점심으로 먹은 산채비빔밥, 과일샐러드, 젤리에 감사합니다.

위와 같이 한 줄로 표현하지 말고 좀 더 자세하게 이유까지 써보는 것은 어떨까요? 다음과 같이 구체적으로 표현하면 감사함은 훨씬 더 생생하게 마음에 들어옵니다.

🖋️ 감사일기

… 점심으로 산채비빔밥, 과일샐러드, 젤리가 나왔습니다. 음식을 준비해주신 분들 덕분에 맛있는 점심을 먹게 되어 감사합니다.

"5장만 먼저 복사해도 될까요?"

이렇게 부탁하면서 복사기를 사용하려는 사람들에게 줄 가운데에 끼워달라고 했을 때 60%가 그렇게 해주었다고 합니다. 그런데 거기다 "왜냐하면"이라는 단어를 추가했더니 무려 94%가 양보해주었다고 합니다. 이것은 하버드대학교 심리학과 엘렌 랭어Ellen J. Langer 교수가 진행한 실험입니다. "왜냐하면"이 상대방의 마음에 "예스!"를 만들어준 것입니다. 자신과의 대화인 감사일기에서도 마찬가지입니다. 이유를 밝히면 감사함이 증폭됩니다. 다른 예를 들어보겠습니다.

🖋️ 감사일기

… 하루 종일 기분이 좋았습니다. 좋은 감정을 유지한 나에게 감사합니다. 감사합니다. 감사합니다.

왜 하루 종일 기분이 좋았는지 궁금하지 않으신가요? 그렇다면 이렇게 써보는 것은 어떨까요?

… 아침에 눈을 뜨는 순간부터 감사함을 찾았습니다. 잠을 푹 자서 피로가 말끔히 풀린 건강한 몸으로 일어날 수 있음에 감사합니다. 덕분에 하루 종일 기분이 좋았습니다. 이런 좋은 감정을 유지한 나에게 감사합니다.

어떤가요? '왜냐하면'이라는 단어를 사용하지는 않았지만 기분이 좋았던 이유가 분명하게 드러나는 감사일기입니다. 이렇게 쓰면 자신이 느낀 감사함에 대해 더 깊이 수긍하게 됩니다.

감사일기를 쓰다 보면 그날 있었던 일을 그냥 기계적으로 적는 경우가 있습니다. 평범한 일기처럼 말입니다. 물론 이렇게 주절주절 늘어놓는 것만으로도 효과는 있습니다. 자신의 감정을 객관적으로 바라보게 되고, 마음을 가라앉힐 수 있기 때문에 나쁘지 않습니다. 하지만 이유를 구체적으로 쓰지 않고 사건만 단순히 늘어놓아서는 긍정적인 감정이 강화되지 않습니다. 무미건조한 감사일기는 효과가 떨어집니다. 무엇이 왜 어떻게 감사한지를 분명하게 밝히다 보면 10만큼 감사했던 일도 50, 아니 100으로 커질 수 있습니다. 구체적으로 쓰는 것을 잊지 말아야겠습니다.

원칙 4.
긍정문으로
써라

자신의 좋은 점 10가지를 써보세요.

자신의 나쁜 점 10가지를 써보세요.

수업시간에 아이들에게 이런 질문지를 주고 써보라고 합니다. 좋은 점은 평균 3~4가지 정도 쓰지만, 나쁜 점은 순식간에 10가지, 20가지씩 써내려갑니다. 상대방에 대한 장점과 단점을 찾아보라고 해도 결과는 마찬가지입니다. 장점은 10가지를 다 채우지 못합니다.

'장점 10가지를 쓰는 것이 그렇게 어렵나?' 하고 의아하게 생각하실지 모르겠습니다. 그렇다면 지금 바로 노트에 자신의 장점 10가지를 써보십시오. 쉬워 보이지만 생각보다 어렵습니다. 시간도 꽤 오래 걸립니다. 평소에 자신의 장점에 대해서 전혀 생각하지 않아서 그럴까요? 아이들은 소리를 지르며 괴로워하기까지 합니다.

요즘은 '자뻑시대'라고 합니다. 조금만 잘하는 것이 있어도 그것을 널리 알리고 잘난 체하니까요. 그래서 저는 요즘 아이들이 자신의 장점을 잘 찾을 거라고 생각했습니다. 하지만 진지하게 자신에 대해 생각해본 경험이 없어서인지, 아이들은 대체로 자존감이 낮았고 자신의 장점도 잘 찾지 못했습니다.

A : "말이 많고 시끄럽습니다."
B : "수줍음이 많고 남들 앞에서 말을 잘 못합니다."

대부분의 아이들은 자신의 대표적인 단점으로 이 둘 중 하나를 씁니다. 저는 아이들에게 이 문장을 단점이 아닌 장점 칸으로 이동시키라고 말합니다. 이렇게 바꿔서요.

A : "말하기를 좋아하고, 여러 사람들과 이야기를 잘합니다."
B : "다른 사람보다 조금 더 많이 생각한 후에 이야기를 합니다."

A라는 아이는 외향적인 성격이고, B는 내향적인 기질을 가졌습니다. 외향성이나 내향성은 단점이 아닙니다. 표현을 바꾸면 똑같은 기질도 단

점에서 장점으로 바뀝니다. 저는 아이들이 가진 자아상을 좀 더 긍정적인 방향으로 바꿔주고 싶었습니다.

우리의 두뇌는 긍정과 부정을 선별하지 않는다고 합니다. 그냥 입력되는 대로 받아들입니다. 말을 그대로 인식한다는 뜻입니다. 어머님들이 자주 하시는 말씀 중에 이런 말이 있지요.

"아이고, 왜 그렇게 급하게 먹니? 체하겠다."

자녀에 대한 사랑으로 급하게 먹지 말고 천천히 먹었으면 하는 마음에 하시는 말씀이십니다. 하지만 자녀의 두뇌에는 이렇게 입력됩니다.

'급하다. 체한다.'

또한 선생님들은 학생들에게 이런 말을 자주 합니다.

"뛰지 마, 다친다."

학생들은 복도에서 정말 잘 달립니다. 달리는 것은 쉬워도 걷는 것은 힘든 모양입니다. 학생들의 발에 바퀴가 달린 게 아닌지 조사해보고 싶을 정도입니다. 복도에서 달리는 모습을 보고 혹시라도 넘어지거나 부딪쳐 다칠까 봐 염려스러운 마음에 교사들은 잔소리를 하는 것입니다. 하지만 학생들의 두뇌에는 이 두 단어가 입력됩니다.

'뛴다. 다친다.'

우리의 두뇌는 입력된 단어들을 받아들여 그대로 움직이려는 경향이 있습니다. 그래서 부정의 문장으로 아이들을 지도하는 것은 별 의미가 없습니다. 아이들에게는 긍정의 말을 자주 들려 주어야 합니다.

급하게 밥을 먹는 자녀에게 어머니는 물을 한 잔 가져다주면서 이렇게 말하는 것에 좋습니다.

"소화 잘되게 천천히 꼭꼭 씹어서 먹으렴."

그리고 복도를 달리는 학생들에게는 이렇게 말하는 것이 더 효과적입니다.

"얘들아, 서로서로 안전하게 걸어서 다니자."

똑같은 의미지만 상대방의 두뇌에 입력되는 단어는 다릅니다.

소화, 천천히.

안전, 걷기.

앞에서 말했듯이 우리의 몸과 마음은 평소에 사용하는 언어의 지배를 받습니다. 감사일기 역시 그 사람이 사용하는 언어의 지배를 받습니다. 평소에 말할 때 고운 언어를 많이 사용하는 사람은 글도 아름답습니다. 그리고 저처럼 사투리를 많이 쓰는 사람의 글에는 어쩔 수 없이 사투리가 나옵니다. 평소에 부정의 문장을 많이 사용하는 사람의 글에는 부정문이 녹아 있습니다. 반대로 긍정적인 단어와 긍정문을 많이 사용하는 이들의 글에는 긍정의 문장이 많습니다.

습관이 습관을 낳고, 부정이 부정을 낳는다

예전에 한 친구의 일기를 우연히 본 적이 있습니다. 그 친구는 정말 글을 탁월하게 잘 씁니다. 어떻게 그렇게 멋진 비유를 쓰는지 놀라울 정도였습니다. 어릴 때부터 책을 많이 읽어온 데다 성인이 된 후에도 일기를 꾸준히 쓰는 듯했습니다.

그런데 탁월한 글 솜씨에 비해 내용은 좀 부정적이고 우울했습니다. 직장에서 스트레스를 많이 받는 모양인지, 일기의 내용은 온통 원망으로 가득 차 있었습니다. 친구는 나름대로 그런 자신의 감정을 추스르려고 애쓰는 것 같아 보였는데, 그럼에도 불구하고 전체적인 내용은 매우 부정적이었습니다.

과연 이런 일기를 쓰는 게 인생에 도움이 될까요? 저는 일기라는 형식의 자기고백에 대해 고민해보았습니다. 우리는 일기를 쓰면서 자신의 감정을 쏟아놓거나 반성할 수 있습니다. 그러다 보면 감정이 격해진 날은 직장에서 느낀 서운함과 인간관계로 인한 실망 같은 부정적인 마음이 그대로 일기에 기록될 수밖에 없습니다. 힘들고 괴로운 하루를 보냈으니 당연히 '덕분에'는 없고 '때문에'만 가득합니다.

적는 것만으로도 마음속 감정의 찌꺼기가 없어진다고 말하는 사람도 있습니다. 하지만 과연 그럴까요? 저는 부정적인 일기가 나쁜 감정들을 오히려 강화시키는 것은 아닐까 하는 의문이 생겼습니다.

습관이 습관을 낳듯, 부정이 부정을 낳습니다.

부정적인 문장을 끊임없이 말이나 글로 사용하는 사람은 자신이 그렇다는 사실도 모릅니다. 제 생각에 부정적인 감정을 그대로 쏟아낸 일기는 지속적으로 부정적인 감정을 불러일으키고 강화시킵니다. 부정적인 내용을 쓰는 것이 나쁘다는 말이 아닙니다. 부정적인 감정도 드러내어 바라보아야 합니다. 밖으로 끄집어내야 객관화되기 때문입니다. 하지만 대부분의 사람들이 일기장에 쓰는 내용은 감정을 객관적으로 바라보고 중화시키기보다는 자꾸 곱씹어 더 우울하게 만드는 것 같습니다. 일기 쓰기의 목적이 무엇인지 다시 한 번 점검해야 할 것입니다.

여기서 잠깐,《아웃라이어》라는 책에 대해 이야기하겠습니다. 이 책의 저자 말콤 글래드웰이 말하는 아웃라이어는 '1만 시간의 법칙'을 실천한 사람들입니다. 어떤 분야에서 보통사람의 범위를 뛰어넘으려면 그 일에 1만 시간 이상을 투자해야 한다는 것입니다. 임계점이라 할 수 있는 매직아워, 1만 시간을 투자하려면 하루에 3시간씩 10년이라는 기간이 필요합니다.

제가 이 이야기를 하는 이유가 뭘까요? 감사일기에 1만 시간을 투자하라는 얘기는 아닙니다. 도대체 아웃라이어들이 어떻게 1만 시간 동안 연습을 해내었는가를 살펴보자는 것입니다. 연습은 이미 잘하고 있는 사람들이 하는 것이 아닙니다. 지금은 비록 부족하지만 '앞으로 잘하고 싶은 사람'이 연습을 합니다. 어린아이의 경우는 스스로의 힘으로 1만 시간이나 연습을 할 수가 없습니다. 부모님의 조력이 필요합니다.

음악가든 운동선수든, 자기 분야에서 대가가 된 아웃라이어들을 보면 '시간'이라는 사원만 있었던 것은 아닙니다. 연습을 제대로 시도해줄 코치가 있었습니다. 좋은 코치가 있었기에 올바른 방향으로 나아가게 되었고, 1만 시간이라는 임계점을 넘었습니다. 올바른 코칭을 받으며 긴 시간동안 연습한 끝에 결국 아웃라이어가 된 것입니다. 아무리 오래 연습해도 제대로 된 코칭을 받지 못하면 아웃라이어로 거듭날 수 없습니다.

가령 바이올린을 엉터리로 연습했다면, 1만 번 아니, 10만 번을 연습하더라도 그의 연주는 계속 엉터리일 것입니다. 성공과 실패의 차이는 얼마나 정확하게 연습하였는가에 달려 있습니다. 저는 일기도 마찬가지라고 생각합니다. 수십 년 동안 매일 일기를 썼다면 자신에게 긍정적인 변화가 일어나야 합니다. 하지만 늘 부정적인 글로 일기장을 가득 채워왔다면 긍정적인 변화는 일어나지 않을 것입니다. 부정적인 마음가짐만 점점 더 확고해지겠지요.

이렇게 저는 언어와 인지심리 분야의 책을 읽으면서 제가 쓴 감사일기의 문장이나 서술, 구성방식에 문제가 있다는 사실을 알게 되었습니다. 점점 더 나은 사람이 되기 위해 감사일기를 작성하는 것인데, 저도 모르게 부정적인 단어가 들어간 문장을 쓰고 있었습니다. 부정적인 단어들이 제 무의식에 어떤 영향을 주는지 생각하지 못했던 것입니다.

그것을 깨달은 후에 저는 긍정적인 단어와 긍정문으로 서술방식을 바꿨습니다. 고작 몇 단어, 몇 글자의 바꿨을 뿐인데, 이것이 참으로 엄청난 변화를 불러왔습니다. 서술방식이 바뀌자 제 일상이 '때문에'가 아니라 '덕분에'로 바뀌었습니다.

다시 강조하자면, 감사일기를 쓸 때는 모든 문장을 긍정문으로 표현해야 합니다. 그 사건을 다시 떠올리면서 객관화시키고, 나에게 주는 깨달음이 무엇인지 살피다 보면 감정이 차분하게 가라앉습니다. 경우에 따라 타인을 미워하는 감정이 일어날 수도 있지만, 그 상황에서 찾아낸 교훈과 감사함을 적어보면 깨달음을 얻을 수 있습니다.

만약 제가 예전과 같은 잘못된 방식으로 계속 감사일기를 썼다면, 아마 지금 같은 변화는 꿈도 꾸지 못했을 것입니다. 감사일기를 쓸 때는 자신이 평소에 자주 쓰는 말버릇이나 문장 습관을 되돌아봐야 합니다. 자신도 모르게 부정문을 자주 쓰는 사람들이 많습니다. 특히 감사일기는 매일 작성하는 것이기 때문에 더욱더 주의를 기울여야 합니다.

글쓰기는 곧 자기 자신을 표현하는 일입니다. 감사일기를 쓸 때 긍정적인 표현을 더욱 많이 쓰고, 그것이 습관으로 자리 잡으면 일상에서 사용하는 말투도 긍정적으로 바꿀 수 있습니다. 말과 글이 바뀌면 삶도 긍정으로 변화합니다.

원칙 5.

'때문에'가 아니라
'덕분에'로 써라

아침에 알람소리를 듣고 눈을 떴습니다. 알람시계가 잠을 깨워주어 늦지 않게 일어났으니 정말 고마운 일이지요. 이 상황에 대해 우리가 표현할 수 있는 문장은 아래와 같습니다.

🖊 감사일기

⋯ 알람이 아침잠을 깨웠습니다. 감사합니다.

⋯ 알람 때문에 아침에 일찍 일어났습니다. 감사합니다.

⋯ 알람 덕분에 아침에 일찍 일어났습니다. 감사합니다.

이 중에서 알람시계가 주는 감사함이 가장 잘 느껴지는 것은 어떤 문장일까요? 저는 세 번째 문장 같습니다. 앞에서 살펴본 것처럼, 일기를 쓰다 보면 평소의 언어습관이 그대로 묻어나옵니다. 그런데 감사일기는 그냥 일기가 아니기 때문에 평소처럼 쓰고 싶은 대로 써서는 안 됩니다. 우리가 감사일기를 쓰는 목적은 감사함을 마음에 심고, 마음체계를 변화시키고자 하는 것입니다. 그렇다면 감사일기는 감사함을 담은 글이 되도록 하는 전술을 가지고 써야 합니다.

버려진 섬마다 꽃은 피었다.
버려진 섬마다 꽃이 피었다.

《칼의 노래》의 첫 문장입니다. 읽어보셨다면 둘 중 어느 쪽이었는지 기억하시나요? 아직 읽지 않은 분들도 맞혀보십시오. 어느 쪽일까요? 저도 예전에 이 책을 읽을 때는 모르고 그냥 읽었습니다. 김훈 작가님의 《바다의 기별》이라는 책에서, '꽃은 피었다.'와 '꽃이 피었다.' 사이에서 엄청나게 고민을 했었다는 이야기를 읽었습니다. 저는 급히 《칼의 노래》를 찾아서 첫 장을 다시 읽어보았습니다.

조사 '은'과 '이'의 쓰임이 다르다는 것을 국어시간에 분명히 배우셨을 것입니다. 하지만 생각 없이 살다 보니 조사에 따라 문장의 느낌이 어떻게 다른지, 그 차이에 별로 신경 쓰지 않았습니다. 글쓴이가 문장에서 전달하고자 하는 의미가 어떤 것인가에 따라 조사의 선택이 달라집니다. 이 두 문장 중에서 '꽃이 피었다.'는 물리적 사실을 객관적으로 진술한 것이고, '꽃은 피었다.'는 객관적 사실에 추가적으로 지은이의 정서까지 포함된 문장입니다. 그래서 김훈 작가님이 선택한 것은 '꽃이 피었다.'였습니다. 아마도 그 장면에서 전달하고자 했던 것은, 정서가 아니라 단순한 물리적 사실이었나 봅니다.

감사일기를 쓸 때, 처음에는 감사하다는 표현들이 제 마음에 별로 와닿지 않았습니다. 그저 감사하다고 말한 것뿐이었습니다. '감사하다. 왜냐하면 감사하니까.' 이런 식이었습니다. 물론 앞뒤의 인과관계가 맞지 않아도 괜찮습니다. 그저 '감사하다.'라고 써도 됩니다. 쓰지 않는 것보다는 쓰는 것이 수백 배 더 좋은 일이기 때문입니다. 그러던 어느 날, 저는 제 감사일기에 '때문에'와 '덕분에'라는 단어가 자주 등장함을 알게 되었습니다.

감사에는 언제나 인과관계가 성립합니다. 그래서 원인과 결과를 설명하기 위해 '때문에'를 자주 사용합니다. 그런데 이 '때문에'라는 단어는 부정적인 진술에서도 쓰이고 긍정적인 진술에서도 쓰입니다. 앞에서 '꽃이 피었다.'의 조사 '이'와 마찬가지로 '때문에' 역시 인과관계를 객관적으로 전달하는 말입니다.

✐ 감사일기

… 알람 때문에 잠에서 깨어났다.

이 문장만 놓고 보면 좋고 싫은 것이 없습니다. 이 문장 뒤에 아래와 같은 문장이 따라오면 어떻게 될까요?

✐ 감사일기

… 알람 때문에 잠에서 깨어났다. 그래서 일을 빨리 시작했다.
… 알람 때문에 잠에서 깨어났다. 그래서 너무 피곤했다.

첫 번째 문장은 알람이 주는 감사함을, 두 번째 문장은 알람이 주는 괴로움을 나타냅니다. 그런데 이 문장을 '알람 덕분에 잠에서 깨어났다.'라고 하면 어떻게 될까요? 그럴 경우 뒤에 따라오는 말이 긍정적인 의미여야 어색하지 않습니다. '덕분'이라는 명사는 베풀어준 은혜나 도움을 뜻하는 말이기 때문입니다.

앞에서 '꽃은 피었다.'의 '은'이 주관적 정서까지 포함한다고 했습니다. 감사일기에서 '덕분에'는 '은'의 의미와 비슷합니다. 글쓴이의 감사함이라는 정서가 포함됩니다. '때문에'가 아니라 '알람 덕분에 잠에서 깨어났다.'고 적는 순간, 알람에 대한 감사함까지 자연스럽게 연결됩니다.

감사일기는 삶의 인과관계를 밝히기 위해 쓰는 일기가 아닙니다. 그러니 '때문에'보다는 가급적 '덕분에'를 더 많이 쓰는 것이 좋겠습니다. 사람들은 특별한 이유 없이 '때문에'라는 표현을 많이 사용합니다. 습관적으로 말입니다. 생각과 말은 함께 움직입니다. '때문에'로 원인과 결과만을 따지게 되면 결국 남 탓만 하게 됩니다. 감사일기는 우리의 주변에 있는 모든 것, 자연·사회·사람·상황·사물 등 덕분에 우리가 잘 살고 있고, 많은 문제가 해결됨을 감사하기 위해 쓰는 것입니다.

일상의 모든 일이 '덕분에'가 되면 결과적으로 모든 일이 순탄해지고 좋아집니다. 그러니 평소에 말을 하거나 글을 쓸 때도 '때문에'보다 '덕분에'를 더 많이 써야겠습니다.

원칙 6.
감사요청일기는
현재시제로 작성하라

나는 뉴욕에 갔다.

나는 뉴욕에 간다(혹은 가고 있다).

나는 뉴욕에 갈 것이다.

'가다'라는 동사의 과거, 현재, 미래시제를 각각 서술한 문장입니다. 지금 눈을 감고 위의 세 문장을 머릿속에 떠올리며 소리 내 말해보십시오. 그리고 각각의 문장에 어울리는 이미지를 그려보세요.

상상해보셨나요? 먼저 '나는 뉴욕에 갔다.'는 뉴욕 한복판 어디쯤이 떠오를 것입니다. 아니면 뉴욕이라는 도시의 이미지가 떠오르겠지요. '나는 뉴욕에 간다(혹은 가고 있다).'는 아마도 비행기 같은 교통수단을 이용해 이동하고 있는 모습이 떠오를 것입니다. 그렇다면 마지막 문장 '나는 뉴욕에 갈 것이다.'에 대해서는 어떤 이미지가 떠오르나요?

제가 학생들에게 '이미지 트레이닝 기법'이라는 것을 이야기하면서, 이 세 문장에 대해 상상놀이를 해본 적이 있습니다. 아이들은 과거나 현재시제의 이미지는 선명하고 구체적으로 떠올렸습니다. 그런데 미래시제의 문장에 대해서는 약간 문제가 발생했습니다. 이상하게도 아이들이 '갈 것이다.'라는 문장에 대해서는 머릿속으로 어떤 이미지를 만들어내야 할지 모르겠다는 것이었습니다.

물론 상상력이 풍부하고 시각화에 재능이 있는 일부 학생들은 미래시제에 대해서도 이미지를 잘 만들어냈습니다. 여행 가방에 짐을 싼다거나, 비행기 티켓을 구입한다거나, 뉴욕을 상상하는 자신의 모습을 떠올리는 등, 다양한 이미지를 생각해냈습니다. '갈 것이다.'이므로 뉴욕에 도착해서 무언가를 하는 상상이 아니라 준비하는 과정에서 하는 일들을 생각해낸 것입니다.

R=VD라는 공식을 아시나요? 이지성 작가님의《꿈꾸는 다락방》에 나와서 유명해진 공식이지요. 뜻은 이렇습니다.

Realization(현실로 이루어진다) = Vivid(생생하게) × Dream(꿈꾸면).

'생생하게 꿈꾸면 이루어진다.' 그런데 생생하게 꿈꾸는 데는 여러 가지 기법이 있습니다. 그중 대표적인 것인 이미지 트레이닝입니다. 머릿속에 떠오르는 이미지(내가 원하는 어떤 결과)를 그려내는 훈련인데, 주로 운동선수들이 많이 한다고 알려져 있습니다.

앞에서 저희 반 아이들이 했던 것처럼, 과거시제의 문장인 '뉴욕에 갔다.'에 관한 이미지는 비교적 떠올리기가 쉽습니다. 하지만 미래시제에 대해서는 뉴욕 자체가 아니라 준비과정을 떠올리게 됩니다. 종착지인 뉴욕의 이미지를 생생하게 떠올리기는 쉽지 않습니다.

제가 초등학교 5학년 때 담임선생님은 특이한 것을 많이 가르쳐주셨습니다. 우리나라 양궁 국가대표 선수들이 한다는 이미지 트레이닝 기법과 지금 말하는 R=VD를 결합해서 설명해주셨습니다. 그때가 1979년쯤이니까, 지금 생각해보면 그 선생님은 대단히 앞서가신 분이었던 것 같습니다.

선생님은 부자가 되고 싶다면 혹은 멋진 집을 가지고 싶다면, 잠들기 전에 그것을 생각하고 그림으로 그리듯이 생생하게 떠올리며 잠을 자라고 말씀하셨습니다. 당시에 저는 선생님의 말씀대로 이미지 상상하기를 실제로 해보았습니다. 하지만 저 자신이 정확히 무엇을 원하는지 몰랐기 때문에 그림으로 그려 낼 수가 없었습니다. 가령 '멋진 집'을 떠올려보려고 했으나, 대체 어떤 집이 제가 원하는 멋진 집인지 알 수가 없었습니다. 멋진 집이 어떻게 생겼는지 본 적이 없기도 했고요. 결국 3일 만에 그만두었습니다.

그때는 제 나이가 너무 어리기도 했지만, 사실 특별한 꿈이랄 게 없었기 때문이었던 것 같습니다. 그때 경험을 돌아보면 원하는 대상을 이미지로 떠올리는 것이, 그것도 그림처럼 생생하게 떠올리는 것이 얼마나 어려운 것인지 알 수 있습니다.

감사일기의 시제표현과 이미지 트레이닝이 무슨 상관인가 싶으실 겁니다. 지금부터 설명할 것은 그냥 감사일기가 아니라 감사요청일기에 대한 이야기입니다. 감사일기는 오늘 일어난 일에 대한 것이지만, 감사요청일기는 미래에 일어날 일에 대해 미리 상상해보는 것입니다.

미래에 대해서 구체적으로 상상하려면 어떤 시제를 사용해야 할까요? 앞에서 설명한 것처럼, 미래시제를 써서는 안 됩니다. 과거시제나 현재시제로 표현해야 더 생생하게 꿈꿀 수 있습니다. 마치 과거에 일어난 일을 회상하듯이 미래의 일을 상상해보는 것입니다.

감사를 요청한다고? 감사 요청하기는 내일 내가 해야 할 일을 다 이루었다고 생각하고 미리 감사하다고 말하는 것입니다. 여러 자기계발서에서 말하는 '끌어당김의 법칙'과 비슷한 개념입니다. 그런데 완전히 똑같은 것은 아니고 약간 다른 점이 있습니다.

감사요청일기는, 사소한 일부터 업무, 회의, 미래의 소망까지 미리 다 이룬 것처럼 감사함을 표현하는 일기입니다. 만약 내일 청소를 하고, 책을 읽고, 병원에 진료를 받으러 가야 한다면 감사요청일기는 아래와 같이 작성할 수 있습니다.

✒ 감사요청일기

… 집 청소로 묵은 먼지들이 사라져, 개운하고 상쾌한 우리 집이 되었음에 감사합니다. 감사합니다. 감사합니다.

… 책을 읽은 덕분에 나의 마음속 깊은 곳까지 즐거움을 만끽한 시간이었습니다. 그런 시간이 주어졌음에 감사합니다. 감사합니다. 감사합니다.

… 내분비과 진료가 있는 날입니다. 초음파 검사결과가 좋아서 다행입니다. 고맙습니다. 고맙습니다. 고맙습니다.

감사를 요청할 때는 미리 이룬 것처럼 상상해야 합니다. 내일 혹은 미래에 대한 이야기지만 마치 어제나 오늘 이룬 것처럼 과거시제 혹은 현재시제로 서술해야 합니다. 미래시제로 모호하게 쓸 것이 아니라 마치 원하는 대로 다 이루어진 것처럼 이미지를 상상합니다.

누군가는 이렇게 물을지도 모르겠습니다. 이렇게 미리 다 이루어진 것처럼 상상하고 감사를 표현했는데, 생각한 대로 이루어지지 않으면 어떻게 할 거냐고 말이죠. 물론 이루어지지 않는 것도 있습니다. 하지만 대부분이 이루어집니다.

'뭐? 대부분 이루어진다고?' 또 한 번 놀라셨나요? 감사요청일기에 그렇게 허황된 것을 쓰는 사람은 거의 없습니다. '내일 당장 달나라에 가게 되어 감사합니다.'라고 장난으로 쓰는 사람은 없다는 말입니다. 감사요청일기에 쓰는 감사는 내일 할 일에 대한 감사, 내 역할이나 직업, 하고 있는 일에 대한 감사, 소명을 다하는 것에 대한 감사가 대부분이기 때문입니다. 그러니 당연히 거의 다 이루어집니다.

이렇게 감사를 미리 요청하다 보면, 다음 날 무슨 일을 해야 할 것인가를 미리 알 수 있습니다. 자연스럽게 내일에 대한 준비를 하고 계획을 세우는 것입니다. 준비와 계획에 감사함까지 더하게 되니, 결국 그대로 실현되도록 실천하게 됩니다. 저는 감사요청일기에 저 자신에 대한 믿음과 의지를 다지는 글을 자주 쓰곤 합니다.

감사요청일기

··· 내가 날마다 모든 면에서 점점 더 좋아지고 있음에 감사합니다.

··· 있는 그대로의 나를 사랑합니다. 감사합니다.

또한 소망에 대해서도 자주 씁니다. 무엇이 되겠다거나, 무엇을 가지겠다는 것은 아닙니다. 제가 쓰고 있는 감사일기가 다른 이들에게도 희망을 주었다는 것에 감사하다는 소망의 글을 작성합니다.

··· 내가 쓰고 있는 감사일기가 다른 이에게도 기쁨이 되고 희망이 되었음에 감사합니다. 감사합니다. 감사합니다.

··· 내가 하고자 하는 일이 다른 이들에게 도움이 되고 가치 있는 일이 되었음에 감사합니다. 감사합니다. 감사합니다.

어쩌면 이 책은 이제까지 제가 쓴 감사요청일기의 결과물인지도 모릅니다. 저는 그저 감사일기가 주는 이로움과 행복, 행운들을 다른 이들과 공유하고 싶었고 그것을 간절히 소망했었습니다. '함께 나눈다.'는 목표가 책이라는 방법으로 자연스럽게 이어진 것입니다.

프랑스의 약사이자 심리치료사인 에밀 쿠에Emile Coué는 우리에게는 '무엇이' 보이는가가 아니라, '어떻게' 보는가가 더 중요하다고 말합니다. 어떤 상황이 발생하면 그것을 누구나 볼 수 있습니다. 하지만 그것을 어떻게 보는가는 사람마다 다릅니다. 어떻게 보느냐에 따라 그 상황이 나에게 미치는 결과가 달라집니다.

감사를 미리 요청하지 않는다고 해도 우리는 다음 날 해야 할 일을 당연히 합니다. 하지만 감사를 미리 요청하면 그 일을 하기도 전에 마음에 감사함이 가득 찹니다. 그러면 그 일을 할 때도 짜증 내거나 화내지 않고 감사한 마음으로 합니다.

또한 감사를 요청했다고 해서 다음 날 그 일이 다 행해지는 것은 아닙니다. 하지만 행위가 일어나지 않았다고 해도 미리 감사하는 것은 의미가 있습니다. 언젠가는 일어날 일이기 때문입니다. 이렇듯 감사를 미리 요청하면 삶이 풍요로워집니다. 여러분도 감사를 미리 요청해보세요. 분명히 그 결과에 놀라실 겁니다.

원칙 7.
모든 문장은
'감사합니다.'로 마무리하라

감사합니다. 감사합니다. 감사합니다.

저는 감사일기를 마무리할 때 언제나 '감사합니다.' 또는 '고맙습니다.'를 꼭 3번씩 씁니다. 왜냐고요? 이유가 있습니다. 처음에 감사일기를 쓰기 시작했을 때는, '감사합니다.'라는 말을 서두에 딱 한 번 썼습니다.

✎ **감사일기**

… 감사합니다. 채소를 저렴한 가격에 구입했습니다.

처음 1년 동안은 이렇게 작성했습니다. 그런데 '감사합니다.'를 맨 앞에 적다 보니, 그 일이 벌어진 상황을 구체적으로 적지 않고 달랑 감사한 이유만 짧게 쓰게 되었습니다. 방법을 바꾸어서 '감사합니다.'를 문장의 말미에 적어보았습니다. 그랬더니 상황을 좀 더 구체적으로 서술했고, 덕분에 감사함에 대한 이유가 더 확실하게 느껴졌습니다.

그런데 그런 식으로 적는 것도 단점이 있는 듯했습니다. 상황설명은 긴데 마지막에 '감사합니다.'라는 단 한 마디로 급히 끝내는 느낌이 들었습니다. 여운이 남지 않아 좀 아쉽다고 할까요? 그래서 그 후로는 '감사합니다.'를 3번씩 적었습니다.

첫 번째 '감사합니다.'는 상황, 행위 등에 대한 고마움을 표현한 것이고, 두 번째 '감사합니다.'는 그 상황에 관여한 사람이나 사물에 대한 고마움을 나타낸 것입니다. 마지막 세 번째 '감사합니다.'는 이렇게 감사일기를 쓰고 있는 나 자신에 대한 고마움을 나타냈습니다.

이렇게 3번씩 '감사합니다.'라고 쓰니까 느낌이 새로웠습니다. 마음속 깊이 정말 많이 감사하다는 생각이 들기 시작했습니다. 어떤 날은 '감사합니다.'를 3번이 아니라 더 많이 쓰기도 했습니다. 마음속에서부터 아주 커다란 기쁨이 올라와서 저도 모르게 '감사합니다.'를 마구 쏟아놓은 것입니다. 그날 하루는 정말 행운과 축복이 가득했었기 때문입니다.

앞에서도 이야기한 것처럼, '1만 번 이상 한 말은 이루어진다.'는 말이 있습니다. 말은 곧 주문이 되기 때문입니다. 매일 감사한 일을 10가지 적으면서 문장마다 '감사합니다.'를 3번씩 말하면 그것만으로도 30번입니다. 하루를 마감하면서 '감사합니다.'를 30번이나 말할 수 있다는 것은 정말 큰 행운이고 축복이 아닐까요? 거기다 감사요청일기까지 쓰면 '감사합니다.'를 또 말하게 됩니다. 결국 하루치 감사일기에 '감사합니다.'를 40~50번 정도 말하고 쓸 수 있습니다. 얼마나 감사한 일인가요!

하루에 평균 40번 정도 감사하다고 말한다면 한 달에 30일×40번=1,200번입니다. 그러면 1년도 지나기 전에 우리는 '감사합니다.'를 1만 번 이상하게 말하고 쓰게 됩니다. 그러면 정말 우리의 삶이 감사한 일들로 가득 차게 되지 않을까요?

고맙습니다. 고맙습니다. 고맙습니다.
감사합니다. 감사합니다. 감사합니다.

Part 4.

함께하라, 감사가
제곱으로 돌아온다

책에서 얻은 깨달음에 대해 감사하다 보니 감사일기의 내용이 더욱 풍성해지고 깊어졌습니다. 뿐만 아니라 진지하고 의미 있는 독서를 통해 무엇을 위해 어떻게 살 것인가를 고민해보게 되었습니다. 알면 보이고, 보면 생각이 변합니다. 생각은 결국 행동을 지배합니다. 독서와 감사일기가 함께할 때, 여러분에게도 세상을 향해 나아갈 수 있는 위대한 한 걸음이 시작될 것입니다. 이처럼 감사일기가 주는 감사에너지를 한 번이라도 경험한 사람은 가만히 있지 못합니다. 옆 사람에게 알려주고 싶어서 입이 근질근질합니다. 슬픔은 나누면 반이 되고, 기쁨은 나누면 배가 된다고 하듯이, 감사일기를 주위 사람들과 공유하면 감사의 에너지는 수백 수천 배 증폭합니다.

독서습관까지 바꿔놓은
감사일기의 힘

시작은 책읽기였고, 거기에 감사일기가 더해졌습니다. 독서와 감사일기는 떼려야 뗄 수 없는 관계입니다. 저는 책을 읽다 감사일기를 쓰게 되었고, 감사일기를 씀으로써 책을 더욱 열심히 읽게 되었습니다. 책이 없었다면 감사일기도 없었을 것이고, 감사일기를 쓰지 않았다면 책읽기도 지속되지 않았을 것입니다.

독서는 한 사람의 삶을 변화시키고 도약하게 만드는 최고의 수단입니다. 저 역시 독서를 통해 삶의 목표를 만들었고, 그것을 향해 나아갈 수 있었습니다. 하지만 제가 처음에 책을 읽기 시작한 이유는, 솔직히 말해서 저 스스로의 의지가 아니라 외부 자극에 의한 것이었습니다. 앞에서도 이야기했지만, '아이들을 위해 내가 뭔가 해야 하지 않을까?' 하는 생각에서 책을 찾아 읽기 시작한 것이어서, 다소 실용적인 측면에만 집중한 독서로 편중되었습니다. '좋은 부모 되기'라는 협소한 목표를 가지고 책을 읽다 보니, 책이 주는 더 순수하고 진지한 기쁨을 느끼기보다는 자기계발에 대한 막연한 강박관념 같은 게 생겼던 것 같습니다.

거기다 가식과 허영까지 보태지자, 제 독서생활은 점점 더 부실해져갔습니다. 내용을 완전히 이해하지도 못한 채 책을 몇 권 읽었다는 결과에만 의미를 부여했습니다. 남이 보면 책을 엄청나게 많이 읽는 것처럼 보였겠지만, 저는 그저 읽어치우는 데에만 급급했고 거기에서 성취감을 느꼈습니다. 그러다 보니 읽고 나서 돌아보면 그 책에서 무엇을 배우고 느꼈는지는 머릿속에 하나도 남지 않았습니다. 그 책을 읽었다는 사실만 남았을 뿐이지요.

숙제처럼 읽어치웠던 제 독서생활에 한 가지 사건이 일어났습니다. 저는 자녀교육에 관심이 크다 보니 학습방법론, 부모교육에 관련된 책을 주로 읽었습니다. 집 앞 도서관에 가서, 별로 고민하지 않고 그냥 제목이 끌리면 그것을 빌려와서 읽곤 했습니다. 하루는 그렇게 고른 책을 30쪽쯤 읽는데 무언가 좀 이상했습니다.

'어, 이 책 지난번에 읽은 것 같은데?'

이런 생각을 하면서도 계속 읽어갔습니다. 조금 더 살펴보니 예전에 읽은 책이었습니다. 더 웃긴 것은, 1년 전에 처음 읽었던 이 책을 제목에 끌

려서 3개월 전에 또 빌려왔고, 그 사실마저 까먹고 다시 빌려왔다는 것입니다. 다행히 이번에는 몇 장 넘기자마자 생각이 났습니다. 제가 생각해도 기가 막혔습니다.

'아! 나는 정말로 잘못된 독서를 하고 있구나. 책의 내용이 머릿속으로 들어가는 게 아니라 그냥 흘러가버리고 있었네.'

이런 식의 독서라면 계속해야 할 이유가 없었습니다. 무엇을 읽었는지조차 기억하지 못하고, 그 속에 담긴 의미들을 제대로 받아들이지도 못한다면, 시간과 에너지만 낭비하는 것이지요. 이런 독서는 아무 의미가 없었습니다. 사실 지금도 세 번이나 빌린 그 책의 내용이 무엇이었는지 기억나지 않습니다.

저는 저의 독서에 관해 다시 생각해보았습니다.

'나는 무엇 때문에 이 책을 읽는가? 이 책에 있는 어떤 정보가 나에게 유용한가? 이 책의 정보가 나에게 왜 필요한가?'

그 전까지는 이런 것을 전혀 생각하지 않고 그냥 닥치는 대로 읽었습니다. 아무 생각 없이 마구 읽었더니 책들이 머릿속에 들어왔다가 곧바로 나가버렸습니다. 눈으로만 읽은 것입니다. 책을 읽으면서 나름대로 정리한 생각들까지도 책의 마지막 페이지를 덮음과 동시에 다 날아갔습니다.

감사일기를 쓴 이후부터 저는 책을 읽는 태도를 고쳤습니다. 눈으로만 읽는 게 아니라 그때그때 중요한 내용을 기록해가며 손으로도 읽었습니다. 그러다 보니 그저 막무가내로 읽어치우는 게 아니라 책에 대한 고마움을 더욱 절실하게 느끼게 되었고, 책이 주는 이익을 더 진지하게 받아들일 수 있었습니다. 책에서 본 좋은 글귀를 감사일기에 필사하고, 거기에 제 생각들까지 적기 시작했더니, 차츰 책에 대한 주견主見이 확립되어 갔습니다.

책에서 얻은 깨달음을 감사일기에 적어보자

책에서 얻은 깨달음에 대해 감사하다 보니 감사일기의 내용이 더욱 풍성해지고 깊어졌습니다. 뿐만 아니라 책을 고르는 나름의 안목이 생기고, 내용에 대해서도 분석하고 비판하게 되었습니다. 하지만 가장 중요한 것은, 진지하고 의미 있는 독서를 통해 무엇을 위해 어떻게 살 것인가를 고민해보게 된 것입니다.

저자와 독자의 생각이 만나서 어우러져야 진짜 독서가 완성됩니다. 과시용 독서가 읽는 족족 내용이 사라져버리는 가짜 독서였다면, 감사일기와 함께한 독서는 책의 내용이 제 마음속에서 살아 움직이게 해준 진짜 독서였습니다. 저는 감사일기 덕분에 진정한 독서를 경험한 것입니다. 앞에서도 말했지만 알아야 보입니다. 알아야만 감사함을 느낄 수 있고, 세상을 제대로 바라볼 수 있습니다. 책은 저에게 세상과 소통할 수 있는 길을 열어주었습니다.

김용규 작가님의 책《숲에게 길을 묻다》를 보면 꽃들의 소통방식에 관한 이야기가 나옵니다.

꽃은 놀라운 언어를 가지고 있습니다. 어떤 꽃들은 바람에게 말을 걸고, 또 어떤 꽃들은 물과도 이야기를 나눕니다. 아주 많은 꽃들은 벌, 나비, 나방, 파리 같은 동물들과도 소통할 수 있습니다. 드물지만 어떤 꽃들은 새를 불러 자신의 소원을 말하고 새가 그 소원을 들어주면 보답을 합니다. 다양한 꽃이 피고 지는 숲은 온통 소통의 나날입니다. 소통하는 숲은 늘 향기로 그윽하고 아름다운 운율의 노랫가락으로 넘쳐납니다.

저는 이 내용을 읽으며 새로운 깨달음을 얻었습니다. 꽃들의 소통방식을 통해 교사로서 학생들과 소통하는 방법을 생각해보게 되었습니다. 풍매화니 충매화니 하는 어려운 말로 수업을 하기보다는 꽃들의 놀라운 언어에 대해 '소통'에 초점을 맞춰 이야기해주면 어떨까요? 그런 이야기들을 들려주면 아이들은 어떤 감성으로 자연을 받아들이게 될까요? 딱딱하기만 했던 제 과학수업을 되돌아보면서 새로운 소통의 언어에 대해 다시 생각해보았습니다. 그러한 깨달음이 또 감사함으로 이어집니다.

책을 읽지 않았더라면 제가 일상에서 어떻게 이런 관점을 만날 수 있었을까요? 책을 만나야 합니다. 현재의 나를 뛰어넘는 지혜가 있기 때문입니다. 책은 세상을 바라보는 다양한 관점을 제시해주고 깨달음을 줍니다. 알면 보이고, 보면 생각이 변합니다. 생각은 결국 행동을 지배합니다.

독서와 감사일기가 함께할 때, 여러분에게도 세상을 향해 나아갈 수 있는 위대한 한 걸음이 시작될 것입니다.

감사일기를 공유해
감사에너지를 증폭시키자

1 + 1 = 2

맞나요? 수학적으로는 옳습니다. 하지만 저는 세상이 아래의 공식과 같다고 생각합니다.

1 + 1 〉 2

'부분의 합은 전체보다 크다.'는 말입니다. 가령 1을 가진 두 사람이 만났을 때 반드시 2가 되는 것은 아닙니다. 100이 될 수도 있고 1,000이 될 수도 있습니다. 창의적인 아이디어를 고민할 때도 사람과 사람이 만나면 단순히 더한 것보다 더 큰 힘이 발휘되곤 합니다.

감사일기는 다른 사람들과 함께 공유할 때 그 효과가 배가됩니다. 한 사람 한 사람의 감사에너지가 합쳐지면 덧셈이 아니라 곱셈이 되는 것이지요. 예를 들어 한 사람이 쓰는 감사일기에 5가지 감사함이 있다면, 10명이 쓴 것을 공유할 때 50가지 감사함에 대한 새로운 공감과 통찰이 생깁니다. 서로 응원과 지지를 보내면 내가 쓴 5가지 감사의 에너지가 10배로 늘어나기도 합니다. 이렇게 감사일기는 사람들과 공유하면 할수록, 마치 자가발전을 하듯이 점점 더 큰 힘을 갖습니다.

그런데 감사일기를 공유하라는 얘기를 하면 어떤 사람들은 약간 부담스러워합니다. 감사일기도 명색이 일기인데, 개인의 사생활이나 비밀스러운 이야기가 남들에게 노출되는 것이 아니냐고 걱정하는 것입니다. 물론 그 말도 맞습니다. 하지만 감사일기는 일반적인 생활일기와 다릅니다. 감사일기를 쓰는 사람들은 대부분 '자기변화'라는 목표를 가지고 있습니다. 그래서 보통 일기처럼 하루에 있었던 모든 사건과 감정들을 고스란히 쓰는 게 아니라, '감사함'에 초점을 맞춰서 골라서 씁니다. 그래서 쓰다 보면 내가 느낀 감사함과 일상의 통찰을 많은 사람들에게 보여주고 싶다는 열망이 점점 커집니다.

멀리 가려면 함께 가야 한다는 말처럼 '자기변화'라는 목표를 가진 사람들이 함께한다면, 더 많은 감사의 에너지가 모여 더 빨리 목표에 도달할 수 있습니다.

모방을 통한 학습효과

감사일기를 공유하면 모방을 통한 학습효과를 얻을 수 있습니다. 다른 사람이 느낀 감사와 일상의 깨달음을 보다 보면, 내가 평소에 깨닫지 못했던 감사를 발견할 수 있습니다.

인간이 누군가를 모방하거나 공감할 수 있는 것, 유대감을 가지게 되는 것은, 뇌에 분포된 거울뉴런 덕분입니다. 거울뉴런은 관찰(시각 자극)과 같은 간접경험만으로도 마치 내가 그 일을 직접 하고 있는 것처럼 느끼게 해줍니다.

다른 사람이 느낀 감사함이 나에게 전해지고 마치 내가 직접 그러한 감사함을 느꼈던 것처럼 기뻐할 수 있는 이유가, 바로 이 거울뉴런 때문입니다. 긍정적인 내용의 감사일기를 서로 공유한다는 것은 서로에게 거울이 되어준다는 의미입니다. 서로를 비추는 거울이 되면 일상적인 행동도 감사함을 바탕에 둔 행동으로 변화됩니다. 덧붙여 누군가가 감사일기에 자신이 읽은 유익한 책에 대해 이야기했다면, 그것을 본 많은 이들이 자극을 받고 그 책을 찾아 읽기도 합니다. 이것 역시 자연스러운 책읽기 거울효과이지요.

오늘 나에게 불쾌하고 우울한 일이 있었다 하더라도, 다른 이들의 감사일기를 읽으면서 하루를 마감하면 자연스럽게 내 마음속 거울에 감사함이 비춰집니다. 나를 사로잡았던 부정적인 감정들이 다른 사람의 감사일기 덕분에 새로운 깨달음으로 바뀌거나 사라지는 것입니다.

"아프냐. 나도 아프다."

이 드라마 대사 기억하시나요? 엄청나게 많은 사람들이 패러디한 명대사지요. 상대방의 아픔에 대해 나도 아프다고 말해주는 것만큼 절실한 공감이 또 어디 있겠습니까? 감사일기를 공유하면 결국 나 자신뿐만 아니라 내 글을 읽는 이들에게 또 다른 깨달음을 주고, 내가 느낀 감사함에 대해 공감과 지지를 받게 됩니다.

아, 감사합니다. 나도 감사합니다.

스위스의 정신과 의사였던 칼 융은 인류가 공통적으로 가지는 무의식이 있다고 했습니다. 그것을 '집합무의식'이라고 불렀습니다. 인류는 지금까지 진화해오면서 경험해온 것을 고스란히 기억하고 있다는 것입니다. 융은 허공은 텅 비어 있는 것이 아니라 집합무의식으로 가득 차 있고, 사람의 마음속에도 집합무의식이 존재한다고 말했습니다. 그래서 한 사람의 집합무의식은 인류 전체로 전파될 수 있다는 말입니다.

인류 역사에 전쟁이 없었던 시기는 고작 8%뿐이었다고 합니다. 결국 인간의 집합무의식 중 92%가 전쟁에서 비롯된 각종 부정성을 가득 안고 있다는 것입니다. 한 개인의 변화는 의식, 무의식뿐만 아니라, 거기다

92%의 부정성을 담은 집합무의식까지 바뀌어야만 가능하다는 뜻입니다.

생활 속에서 의식적으로 감사함을 알아채고 그것을 감사일기라는 형태로 기록한다면 무의식 차원까지도 변화할 수 있습니다. 게다가 여럿이 감사를 공유한다면 개개인의 집합무의식에까지 영향을 줄 것입니다.

1명이 올리는 감사일기가 10가지, 2명이 올리면 20가지, 3명이 올리면 30가지가 됩니다. 남들이 올린 감사를 천천히 읽다 보면 오늘 하루 동안 내가 찾지 못한 감사함을 다른 이의 일기를 통해서 깨달을 수 있습니다. 결국 나는 10가지가 아니라 30가지 감사함을 깨닫고 느끼게 됩니다. 여러 사람의 감사일기가 공유되면 개별적인 일기가 아닌 전체의 감사함으로 융화됩니다. 거기서 나온 감사에너지는 또 다시 개인에게로 흘러갑니다. 개인에게 흘러들어간 감사에너지는 또 다시 감사함을 공유하는 사람들의 집합무의식에 들어가 더 큰 감사에너지를 만들어줍니다.

이런 식으로 감사일기를 공유하다 보면 여러 사람의 감사함이 우리의 의식, 무의식, 집합무의식을 변화시킵니다. 개인의 심리상태뿐만 아니라 운명의 방향까지도 바꿔줍니다. 그리고 개인의 집합무의식 아래에 숨겨진 자신의 또 다른 힘을 발견할 수 있습니다. 꿈과 소망을 현실로 이루는 힘 말입니다. 실제로 저는 감사일기를 쓰면서 저 자신을 찾았고 제 소망을 찾았습니다. 그리고 다른 이들과 감사에너지를 주고받으며 제 소망을 이루기 위해 한 걸음 한 걸음 내딛고 있습니다.

감사의 공유는 우리의 의식수준을 높인다

미국의 정신과 의사이자 세계적인 영적 스승 데이비드 호킨스 박사는, 근육테스트를 통해 인간의 의식수준을 1부터 1,000까지의 척도로 수치화해 의식지도를 만들었습니다. 그 지도를 보면 200을 기준으로 긍정적 의식과 부정적 의식을 나눕니다.

200 이하의 의식은 자만심, 분노, 욕망, 두려움, 슬픔, 무기력, 죄책감, 수치심 등이고, 그러한 의식에서 파생되는 감정은 경멸, 미움, 갈망, 불안, 후회, 절망, 비난, 굴욕입니다. 그 과정에서 과장, 공격, 노예화, 위축, 낙담, 포기, 파괴, 제거 등의 행동이 표출되지요.

반면 200 이상의 의식은 용기, 중립, 자발성, 수용, 이성, 사랑, 기쁨, 평화, 깨달음입니다. 그러한 의식은 긍정, 신뢰, 낙관, 용서, 이해, 경외, 평온, 지복과 같은 감정을 낳고, 너그러움, 현명함, 초월, 변모, 순수의식으로 표출됩니다.

감사함은 어디쯤 있을까요? 자발성과 수용, 이해를 포함하니 350 정도가 아닐까 싶습니다. 그런데 감사하기 시작하면 더 높은 수준의 의식인 포용, 사랑, 기쁨을 느끼고 평화로워집니다. 간혹 깨달음의 경지까지 올라가기도 하지요. 제 생각에는 700 정도의 의식수준까지 올라갈 수 있을 것 같습니다.

밝음은 어둠을 몰아냅니다. 두려움, 분노, 욕망 같은 것들은 감사일기를 쓰고 공유할 때 생기는 밝은 에너지에 의해 사라집니다. 감사에서 비롯된 여러 감정이 우리의 의식수준을 높이고, 그런 의식수준을 가진 사람들이 모이면 긍정의 에너지는 더욱 올라갑니다. 함께한다는 사실만으로도 서로의 의식수준이 올라가고 감정상태도 점점 더 좋은 쪽으로 변화합니다.

감사일기를 쓰다 보면 좋아하는 사람에게 전파하고 싶은 마음이 생깁니다. 좋은 것을 보면 같이 보고 싶고, 맛있는 것을 먹으면 같이 먹고 싶은 감정은 어쩔 수 없는 것인가 봅니다. 특히 힘들고 지친 사람, 스트레스 때문에 어쩔 줄 몰라 하는 사람을 만나면 저도 모르게 감사일기 이야기를 하게 됩니다. 감사의 힘을 나누고 싶기 때문입니다. 그래서 자연계의 개체들이 프랙탈 구조를 만들어가듯이, 주위 사람들에게 똑같은 모양으로 감사일기를 전파시킵니다. 감사일기 역시 자연의 법칙을 따르는 것 같습니다.

감사에너지를 한 번이라도 경험한 사람은 가만히 있지 못합니다. 옆 사람에게 알려주고 싶어서 입이 근질근질합니다. 슬픔은 나누면 반이 되고, 기쁨은 나누면 배가 된다고 하듯이, 함께 잘 살아야 즐거운 법입니다.

감사일기를 공유할 때
반드시 알아야 할 주의사항

감사일기를 공유하면 그 공유의 장은 감사에너지 충전소가 됩니다. 소리굽쇠처럼 서로 에너지를 주고받을 수 있기 때문입니다. 그런데 그것 역시 주의해야 할 사항이 있습니다. 감사의 주파수를 맞추는 게 처음부터 쉬운 일은 아닙니다. 다른 사람들의 감사일기를 보면서 어디에서 감사함을 찾아야 하는지 힌트를 얻고 모방할 수는 있지만, 함께 공명하기는 어렵다는 말입니다. 공명하지 못하면 감사에너지를 폭발적으로 증가시킬 수 없습니다.

제가 학생들에게 감사일기 쓰는 법을 가르칠 때, 아이들이 감사함을 잘 찾지 못하는 것 같아서 서로의 일기를 돌려 읽게 한 적이 있습니다. 다른 사람의 일기를 통해 다양한 감사의 사례를 알려주고자 한 취지로 시작했는데 금세 그만두었습니다.

이런 일이 있었습니다. A라는 학생의 부모님은 아이에게 물질적으로 아낌없이 지원해주시는 분들이었습니다. 어쩔 수 없이 A의 감사일기에는 부모님이 사준 값비싼 장난감이나 악기 같은 취미용품들에 대한 이야기가 자주 등장했습니다. A는 부모님이 주신 물질적 혜택이 당연히 감사했기 때문입니다. 사실 초등학교 고학년 아이들이 부모님에게 가장 감사하게 생각하는 것은 스마트폰 같은 물질적인 지원입니다. 그런데 A의 감사일기를 몇 번 본 B가 비아냥거리면서 한마디 했습니다.

"너는 좋겠다. 너희 부모님이 만날 그렇게 좋은 것을 많이 사줘서. 너희 집에 돈 많아서 좋겠다."

인간이라면 누구나 질투합니다. 상대방이 느끼는 감사함이, 그가 누리는 풍요로움이 보기 싫고 미울 수 있습니다. 의식수준이 높지 않은 경우에는 분노로 표출됩니다. 아이들만 그런 것이 아닙니다. 성숙하지 않은 성인들은 자신의 결핍을 시기심으로 나타냅니다.

하지만, 앞에서 강조했듯이, 감사일기를 쓰려는 사람들은 '자기변화'라는 목표를 가지고 있습니다. 감사일기를 통해서 삶이 변화되기를 원합니다. 정신적인 풍요로움과 더불어 물질적인 윤택함도 기대합니다. 정신과 물질이 동시에 변화하지 않으면 우리는 아마도 너무 쉽게 좌절하고 말 것입니다. 긍정적인 변화가 오기도 전에 시기와 질투가 먼저 일어난다면 얼마나 아깝습니까? 감사라는 밝은 의식으로 질투심이라는 부정적인 의식을 밀어내야 합니다. 이렇게 생각을 바꿔보면 어떨까요?

다른 이의 물질적 풍요로움은,

다른 이의 넘치는 행운은,

다른 이의 성공은,

다른 이의 정신적 성숙은,

다른 이에게 일어난 좋은 일은,

앞으로 나에게 일어날 감사한 일을

미리 보여주는 것이다.

친구나 동료에게 일어난 좋은 일은, 나에게도 똑같이 일어날 감사한 일입니다. 감사일기는 그것을 미리 보여주는 것입니다. 그렇게 생각하고 친구를 축복해주십시오. 이 기쁨을 함께 감사해야 합니다. 그리고 자신도 그렇게 되도록 노력해야 합니다. 친구가 감사함을 받아들이는 태도와 마음가짐을 따라 해야 자신에게도 똑같이 감사한 일이 일어날 수 있습니다. 친구의 상냥한 말씨와 태도, 노력을 따라 하고 그것을 통해 일어나는 나의 풍요로움에 대해 더 큰 감사를 느껴야 합니다.

감사일기 공유를 통해 감사에너지를 증폭시키기 위해서는 먼저 나 자신의 부정적인 의식과 나쁜 감정들을 모두 비워내야 합니다. 그래야만 그 자리에 감사함이 채워집니다. 그리고 감사함을 진지하게 받아들이고자 하는 사람들끼리 공유해야 더욱 효과가 큽니다. 부정적인 의식을 버리지 못하는 사람과 함께하려면, 그를 제외한 다른 사람들의 의식수준이 300 이상이어야 가능할 것입니다. 그래야만 부정적인 의식을 가진 사람을 긍정적인 의식으로 차츰 변화시킬 수 있습니다.

어린 자녀들과 함께 감사일기를 쓰고 공유하는 것도 좋습니다. 다만, 그럴 때는 부모님들이 먼저 감사일기를 써보고 감사의 힘을 느껴본 후에, 어느 정도 숙련되었다고 생각될 때 자녀들과 함께 공유하라고 말씀드리고 싶습니다. 부모님이 먼저 확고한 긍정 마인드를 가지고 있어야만 아이들도 잘 따라올 수 있습니다.

소규모 온라인
커뮤니티 활용하자

감사일기와 온라인 커뮤니티.

잘 어울리나요? 뭔가 어색한 느낌이 들지만 이미 세상은 온라인을 통해 너무나 많은 것들을 공유하고 있습니다. 요즘 사람들은 언제 어디서나 스마트폰으로 SNS에 접속해 자신의 일상과 사진을 올립니다. 스마트폰뿐만 아니라 태블릿PC나 노트북, 데스크톱 컴퓨터를 통해서 다양한 방법으로 자신의 일상사를 공개하고 감정, 생각, 상태 등을 드러냅니다. 그래서 내가 전혀 알지 못하는 사람들도 나에 관해서 어마어마하게 많은 것을 알아낼 수 있습니다.

물론 페이스북이나 트위터, 카카오스토리 등에 올리는 글이나 사진은 내가 선택한 것입니다. 남에게 알리고 싶은 것 혹은 알려도 되는 것만을 골라서 올리지요. 그런데 여기서 말하는 감사일기 공유는 그러한 방식으로 하면 문제가 생깁니다.

저는 온라인 커뮤니티를 통해 가까운 지인 몇 명과 감사일기를 공유합니다. 온라인 커뮤니티에서는 쌍방향으로 소통이 이루어집니다. 발신자가 수신자가 되기도 하고 수신자가 발신자가 되기도 하지요. 이 과정을 통해 서로 감사에너지를 공유할 수 있습니다. 특히 지리적으로 멀리 떨어져 있는 지인들과 감사일기를 공유하는 데는 아무래도 온라인 커뮤니티를 활용하는 것이 좋습니다.

제 경험에 따르면, 혼자 감사일기를 쓸 때는 공책에 손글씨로 쓰기도 하고, 노트북 컴퓨터에 쓰기도 했습니다. 자꾸 이랬다저랬다 했더니 감사일기가 한곳에 모이지 않고 여기저기 흩어져 있었습니다. 그래서 저는 온라인 공간으로 눈을 돌렸습니다. 자료저장과 검색이 용이할 것 같았고, 스마트폰과 연동되니 언제 어디서나 쉽게 접근할 수 있을 것 같았습니다.

처음에는 카카오스토리와 페이스북에 제 감사일기를 올려보았습니다.

그런데 그런 공간은 감사일기를 올리기에 부적합했습니다. 좀 더 많은 사람들과 감사에너지를 나누고 싶은 마음에 그런 개방형 SNS 공간에 올렸지만, 감사일기를 전혀 알지 못하고 이해하지 못하는 사람들이 보기에는 제 일기가 이상한 자랑으로 보였나봅니다. 제가 느낀 감사의 힘이 저의 정신적 성숙이나 물질적인 풍요를 자랑하는 것으로 보일 수 있다는 사실에 저는 크게 충격을 받았습니다. 그렇다면 아무리 많은 사람들이 제 감사일기를 공감해준다고 해도 의미 없는 일이었습니다. 그래서 저는 그 게시물들을 곧 삭제해버렸습니다.

그 후 저는 불특정 다수를 대상으로 감사일기를 공유했을 때 벌어지는 문제점에 대해 다시 고민했습니다. 그리고 고민 끝에 회원으로 초대받은 소수의 사람만 들어올 수 있는 폐쇄형 SNS를 선택했습니다. 각자의 감사 에너지를 한곳에 집결시키고, 거기서 진화한 집합무의식을 통해 서로의 의식체계를 변화시키려면 감사일기를 제대로 이해하는 사람들만 모인 폐쇄형 공간이 적합했습니다.

그래서 저는 지인들과 네이버 밴드를 개설하고 감사일기를 공유하게 되었습니다. 요즘 SNS는 거의 다 PC와 연동되기 때문에 스마트폰으로 작성하는 데 피로를 느끼는 분들은 PC로 작성할 수 있습니다. 다른 사람이 올린 감사일기는 스마트폰으로 시간 날 때마다 틈틈이 읽고, 내가 감사일기를 쓸 때는 PC로 쓰는 식으로 하면 좀 더 쉽게 감사일기를 쓰고 공유할 수 있습니다. 밴드가 아니더라도 자신에게 맞는 앱을 선택해 친구, 동료, 가족들과 감사일기를 쓰면 됩니다. 인터넷 카페 같은 것도 좋습니다. 기본적으로 글쓰기, 사진 올리기, 파일 전송하기 정도의 기능만 있으면 어디서든 감사일기를 쉽게 공유할 수 있습니다.

함께하는 인원은 5명 내외로

그런데 온라인상에서 감사일기를 공유할 때는 사람 수가 너무 많아서 도 곤란합니다. 제 생각에는 최소 2~3명에서 최대 5~6명 정도의 소집단 이 좋을 것 같습니다. 10명 이상이면 하루에도 너무 많은 일기가 쏟아지 듯 올라오기 때문에 다 읽지 못합니다. 또한 참여자가 너무 많으니까 '나 하나쯤 일기를 빼먹어도 괜찮겠지.' 하는 생각이 들기도 합니다.

EBS에서 방영되었던 '인간의 두 얼굴'이라는 심리 다큐 프로그램에 '3의 법칙'이라는 것이 나왔는데, 3은 '상황을 바꾸는 힘'이라고 했습니 다. 인간은 상황에 지배당하지만 3명이 모이면 인간이 상황을 지배한다 는 것입니다. 2명일 때까지는 그렇지 않은데 3명이 모이면 전환점이 생 기고 그때부터 '집단'이라는 개념이 형성됩니다. 집단이 되면 특정한 목 적을 향해 나아가는 힘이 생기기 때문에 집단의 힘을 발휘하려면 최소한 3명이 필요합니다.

또한 3의 의미는 수학적으로 생각해볼 때도 중요합니다. 2개의 선으로 는 면이 생기지 않습니다. 최소한 3개가 있어야 비로소 면이 생깁니다. 유클리드 기하학에서 다각형의 시작은 삼각형입니다. 그러니 기왕 감사 일기를 공유할 거라면 3명 이상이 모여서 하는 것이 좋겠습니다.

제가 경험한 바에 의하면, 3명 이상이 공유할 때 그것을 지속시킬 수 있었습니다. 실제로 저는 여러 개의 소그룹을 만들거나 거기에 속해보았습니다. 그중에서 2명으로 시작해서 식구가 늘어나지 않았던 모임은 결국 감사일기 쓰기를 지속할 수 없었습니다.

또한 이렇게 감사일기를 온라인으로 공유할 때는 반드시 '감사일기 이외의 정보를 올리지 않는다.'는 원칙을 세우라고 말씀드리고 싶습니다. 온라인상에 공유의 장이 생기면 감사일기 이외에도 이런저런 이야기를 하고 싶어지고, 재미있는 사진이나 유머도 올리고 싶어집니다. 그런데 이렇게 하다 보면 감사일기라는 원래 목적은 흐릿해지고 잡다한 정보만 공유하는 정체불명의 공간으로 변질될 수 있습니다.

감사일기를 쓰다 보면 그 내용 안에 좋은 정보들이 자연스럽게 노출됩니다. 책, 음악, 영화, 사람, 장소 등 많은 것이 드러납니다. 그것을 보고 댓글로 궁금한 것을 물어보거나 답해주는 것은 괜찮습니다. 그러나 아무리 좋은 정보라 해도 그것이 글의 주제가 되면 감사일기장이 아니라 여타의 다른 온라인 커뮤니티와 다를 바가 없어집니다. 그러면 감사에너지도 흩어져버립니다. 그래서 감사일기장에서는 감사일기에만 초점을 맞춰야 합니다.

세상에 존재하는 수많은 정보를 실시간으로 뿌려주는 SNS 덕분에 더 쉽고 빠르게 소통할 수 있는 시대입니다. 새로운 기술은 우리의 지성과 감성을 깨우치는 쪽으로 빠르게 발전하고 있습니다.

주위 사람들에게
좋은 기운을 주는 사람이 되다

— 연홍 이야기

처음에는 감사일기를 쓰는 것만으로 내 삶에 변화가 있을지 의심스러웠습니다. 감사하는 것만으로도 삶이 달라질까? 하지만 정말 쓰는 것만으로 조금씩 변화가 나타났고, 저는 확신을 갖고 계속 해보기로 마음먹었습니다.

감사일기를 쓴 후로 제 삶에는 많은 변화가 생겼습니다.

우선 가족관계가 개선되었습니다. 물론 저희 집은 제가 감사일기를 쓰기 전에도 화목한 가정이었다고 생각합니다. 저는 그런 화목함이 당연한 것이고 가족들로부터 제가 도움을 받는 것 역시 별로 특별한 일이 아니라고 생각해왔습니다. 하지만 감사일기를 쓰기 시작한 후로 가족들을 대하는 저의 태도가 달라졌습니다. 당연하다고 여겼던 어머니의 식사준비, 언니의 배려, 아버지의 좋은 말씀 등 그전까지는 간섭이고 잔소리라고 생각했던 일들이 알고 보니 무척 감사한 일들이었습니다. 그것을 깨닫자 저는 가족들에게 함부로 대할 수가 없었습니다. 더 존중하고 감사함을 더 많이 표현하기 시작했습니다. 저만 변한 것이 아니었습니다. 가족들도 서로 감사한 마음을 더 많이 표현하기 시작했고, 집안 분위기가 더욱 따듯해졌습니다.

두 번째는 직장에서 행복을 찾았다는 것입니다. 그전까지 저는 직장에 바라

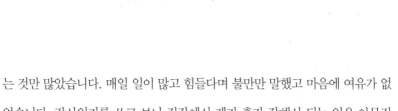

는 것만 많았습니다. 매일 일이 많고 힘들다며 불만만 말했고 마음에 여유가 없었습니다. 감사일기를 쓰고 보니 직장에서 제가 혼자 잘해서 되는 일은 아무것도 없었습니다. 항상 다른 이들의 도움이 있었고, 그들의 도움이 없다면 몇 배는 더 힘들었을 것입니다. 감사일기를 통해 저는 그것을 깨달았고, 직장에서 만나는 모든 사람들에게 감사하게 되었습니다.

세 번째는 독서를 더 많이 하게 되었다는 것입니다. 사실 처음에는 양경윤 선생님께서 감사일기를 쓰면 독서를 더 많이 하게 된다고 말씀하셨는데, 그게 무슨 말인지 이해가 되지 않았습니다. 그전에도 매달 읽어야 할 책 목록을 나름대로 만들었는데, 실천은 미진했습니다. 하지만 다른 사람들의 감사일기를 읽으며 '아, 다들 시간이 나서 책을 읽는 것이 아니라 시간을 내서 책을 읽는구나.'라는 사실을 깨달았습니다. 그래서 저 스스로 책을 읽기 위해 시간을 내기 시작했습니다.

저 역시 진행 중이지만, 확실히 말씀드릴 수 있는 것은 감사일기를 쓰면 삶에 대한 만족도가 높아지고, 삶의 질이 향상된다는 것입니다. 항상 다른 사람과 비교하고, 나의 행복을 낮추어 보던 시각을 버리고 내 삶의 행복만 바라보게 됩니다. 그리고 주위 사람들에게 좋은 기운을 주는 사람이 됩니다. 지금 행복해지고 싶은 사람이 있다면 오늘부터 당장 감사일기를 써보라고 말씀드리고 싶습니다.

당연한 것들이
감사한 것으로

― 경미 이야기

매일 감사일기를 쓴 지 40일이 지났습니다. 40일 동안 매일 10가지의 감사를 썼으니 저는 400가지의 감사함을 생각했고, 한 가지를 쓸 때마다 '감사합니다.'라는 말을 3번씩 말했으니 총 1,200번의 감사를 표현했습니다. 아직 저와 함께 글을 공유하는 분들에 비하면 걸음마 수준의 감사일기지만 제 뇌의 시냅스는 점점 감사 쪽으로 변화하고 있고 튼튼하게 연결되고 있습니다.

처음 감사일기를 쓸 때는 매일 쓰는 것이 참으로 어려웠습니다. 대부분의 직장인이 그렇듯 '집 → 직장 → 집'으로 반복되는 일상 속에서 10가지의 감사함을 찾는 것도 어려웠지만, 매일 시간을 내서 감사일기를 쓰는 것 또한 쉬운 일은 아니었습니다. 막상 시작하면 금방 쓰는 것을 알면서도, 매일 거룩한(?) 부담을 안고 시작해야 했습니다.

하지만 감사일기를 쓰면 쓸수록 제 주위가 반짝반짝 빛난다는 것을 깨달았습니다. 아침 출근길의 하늘과 햇살이 감사하고, 당연하게 생각한 제 주변 사람들의 배려에도 감사했습니다. '당연한' 것들이 사라지고 그 자리에 '감사한' 것들이 생겨나기 시작했습니다. 예를 들어, 버스 기사님이 '당연히' 안전운행을 하시는 게 아니라 '감사하게도' 안전운행을 해주셨습니다.

202

또 다른 변화는 어려운 일 앞에서 의연해졌다는 것입니다. 전 제 생각대로 판단하고 쉽게 성내며, 감정적으로 불안할 땐 아무 일도 손에 잡지 못하는 타입의 사람이었습니다. 예전에는 제 생각에 불합리하다고 판단되는 일들이 진행되면, 화를 주체하지 못하고 다른 사람들에게 그 일의 불합리성과 비효율성을 성토했습니다. 하지만 지금의 저는 그렇게 진행된 까닭이 무엇인지 곰곰이 생각해보고 그 일을 통해 변화될 수 있는 것은 무엇인지 찾아보는 발전적인 생각을 하게 되었습니다.

아마 불평과 불만을 해보신 분들은 아실 것입니다. 그것은 결국 부메랑처럼 돌아와 자신의 감정을 소모시키고 삶의 만족도를 떨어뜨립니다. 지금의 변화로 인해 저는 감정적으로 힘들지 않으면서도 문제를 현명하게 풀어가게 되었습니다.

"지구를 떠나고 싶다."

저희 어머니께서 명절 때마다 하시는 말씀입니다. 우리네 어머니들은 명절마다 지구를 떠나고 싶어 하시지만, 누구나 각자의 문제로 지구를 뜨고 싶을 때가 있습니다. 그럴 때 감사일기는 더욱 빛을 발합니다. 감사일기로 삶이 더 윤택해질 여지가 남아 있으니까요. 가끔 지구를 떠나고 싶은 분들께 감사일기를 감히 추천하고 싶습니다.

부록

감사함을 찾는
20가지 방법

우리 주변에는 감사해야 할 사람과 상황이 넘쳐납니다. 자연, 가족, 예술, 시간, 우리나라, 직장·직업,
인간관계, 교육, 생활도구, 여러 직업 종사자, 집, 옷, 음식, 사회 제반시설, 이웃, 책, 건강, 변화, 사랑,
깨달음, 경제적 풍요, 꿈, 소망 등…. 이외에도 여러분만의 감사함을 찾아보세요.

＊여기에 소개된 감사일기의 예시는 저와 함께 감사일기를 공유하는 분들의 일기에서 발췌한 것입니다.

자연

자연에 감사합니다.

- 평소에 내가 누리는 자연을 떠올리며 감사하자.
- 물, 공기, 햇빛, 바람, 구름 등 자연의 섭리에 감사하자.
- 동물에 감사하자.
- 풀, 꽃, 나무 등 식물에 감사하자.
- 자연이 주는 이로움에 감사하자.
- 보이지 않는 곳에서 자연이 주는 이로움을 찾아 감사하자.
- 우주의 법칙, 자연의 순리에 감사하자.

… 아침에 일어나 마시는 물 한 잔이 나의 온몸을 깨우고 정화해주어 감사합니다.

… 오전에 2시간 정도 비가 오더니 그치고 해가 떴습니다. 요즘 가뭄이 심해서 이번 비로 해갈되기를 기대했는데 폭우이긴 했지만 강우량이 부족한 것 같습니다. 적당량의 비가 와서 가뭄이 해결되길 바랍니다. 감사합니다. 감사합니다. 감사합니다.

… 마음껏 숨 쉴 수 있는 공기가 있음에 감사합니다.

206

… 매 순간이 기적입니다. 아파트 입구에 있는 큰 나무에 노란 꽃이 피어 있었습니다. 깜짝 놀랄 만큼 화사했습니다. 이렇게 멋진 꽃과 나무를 보게 해주셔서 감사합니다. 감사합니다. 감사합니다.

… 점심시간에 잠시 밖에 나가 온몸에 따뜻한 봄볕을 담을 수 있어서 감사합니다. 감사합니다. 덕분에 비타민D가 만들어지고 내 몸이 더 건강해집니다. 감사합니다. 감사합니다.

… 식사를 맛있게 한 후에 햇볕을 쬐며 솔밭을 산책했습니다. 자연의 소중함을 느끼게 되어 감사합니다. 학교 안에 소나무 숲이 있어서 피톤치드를 마실 수 있음에 감사합니다. 버섯들이 돋아난 것을 봤습니다. 감사합니다. 감사합니다. 감사합니다.

… 아침부터 비가 많이 내렸습니다. 그런데 마침 출근길에는 비가 딱 그쳤습니다. 덕분에 상쾌하고 시원한 공기를 마시며 출근했습니다. 감사합니다. 감사합니다.

… 눈부신 햇살 덕분에 자연스럽게 일어났습니다. 알람소리에 깨지 않고 스스로 일어날 수 있도록 해준 햇빛에게 감사합니다. 감사합니다. 감사합니다.

가족에게 감사합니다.

- 부모님께 감사하자. 낳아주신 것에 감사하자. 길러주신 것에 감사하자. 살아오면서 받은 것에 감사하자. 현재 건강하심에 감사하자.
- 자녀에게 감사하자. 건강하게 별 탈 없이 생활하고 있다면 아무리 사소한 것이라도 감사하자.
- 배우자에게 감사하자. 타인과의 만남은 늘 감사한 일이다. 상대방이 늘 감사함으로 존중해야 하는 대상임을 인식하고 감사하자.
- 가족에 대한 소중함을 늘 마음속에 품고 생활하자.

··· 아침에 정말 맛있는 현미 전복죽을 끓여주신 엄마께 감사합니다. 엄마는 요즘 허리가 많이 아프셔서 침을 맞으러 다니시는데, 내가 집안일을 거의 안 도와드려 죄송합니다. 이번 주부터는 주말에 청소하고, 음식물 쓰레기를 버리고, 식사준비도 하겠습니다. 죄송합니다. 감사합니다. 감사합니다. 감사합니다.

··· 토요일과 일요일 저녁은 남편님과 함께 걷기운동을 했습니다. 평일에는 남편

님이 10시 반에 퇴근하기 때문에 대화할 시간이 거의 없지만, 주말에 걷기운동을 하면서 대화할 수 있습니다. 감사합니다. 감사합니다. 감사합니다.

⋯ 아들에게 짜증을 내면서 잔소리를 했습니다. 별로 화낼 일도 아니었는데 너무 피곤해서 나도 모르게 그렇게 반응했습니다. 아들의 부정적인 행동을 따뜻하게 감싸주지 못해서 내내 마음이 불편했습니다. 내 안의 따뜻한 사랑에너지를 더 키우라는 깨달음의 신호로 받아들이겠습니다. 반성하는 나 자신에게 감사합니다. 감사합니다. 감사합니다.

⋯ 엄마와 나눈 대화에 감사합니다. 가까운 사람일수록 더 따뜻하고 친근하게 대해야 하는데 종종 엄마에게 함부로 행동하는 경우가 있습니다. 죄송합니다. 사랑합니다. 잘하겠습니다. 감사합니다.

⋯ 막내딸의 늦은 귀가를 걱정하시느라 얕은 잠을 주무시다가 내가 온 것을 확인하고 나서야 편히 주무시는 부모님께 감사합니다. 나를 항상 생각해주고 기다려주는 사람들이 있다는 사실에 감사합니다. 내가 돌아올 집이 있다는 것에 감사합니다. 감사합니다. 감사합니다.

예술에 감사합니다.

- 아름다운 예술작품이 주는 마음의 풍요로움에 감사하자.
- 위대한 작가들의 작품이 주는 깨달음에 감사하자.
- 일상에서 접하는 소소한 예술작품에 감사하자.
- 영화 속의 대사에도 배울 점이 있음에 감사하자.
- 영화가 주는 깨달음, 영상미에 대해 감사하자.

… 정조의 아픔을 느끼게 해준 영화 '역린' 속에 나오는 대사들이 정말 멋집니다. 주인공 현빈 씨만 멋진 것이 아니었습니다. 그중에서 상책이 말한《중용》 23장의 말이 가슴에 와 닿았습니다.《중용》을 꼼꼼히 읽어봐야겠다는 결심을 하게 해주었습니다. 감사합니다. 감사합니다. 감사합니다. 영화에 나온 그 글의 내용은 이렇습니다. '작은 일도 무시하지 않고 최선을 다해야 한다. 작은 일에도 최선을 다하면 정성스럽게 된다. 정성스럽게 되면 겉에 배어나오고, 겉에 배어나오면 드러나고, 겉으로 드러나면 밝아지고, 밝아지면 남을 감동시키고, 남을 감동시키면 이내 변하게 되고, 변하면 생육된다.'

··· 지난번 여행 때 구입한 베토벤 CD를 들으며 감사일기를 씁니다. 좋은 곡을 들으니 일기가 더욱 잘 써지고 감사함이 더 많이 생기는 것 같습니다. 음악은 늘 우리들의 마음을 풍요롭게 만들어줍니다. 감사합니다. 감사합니다. 감사합니다.

··· 영화 '어바웃 타임'에는 제목 그대로 삶의 의미와 시간에 대한 주옥같은 대사들이 많이 나옵니다. 감동을 준 좋은 대사들에 감사합니다. 감사합니다. 감사합니다. 주어진 삶에 최선을 다하고, 오늘이 마지막인 것처럼 감사하며, 모든 것을 즐기며 살도록 노력하라는 의미를 잘 새겨듣고 노력하겠습니다. 감사합니다. 감사합니다. 감사합니다.

··· 퇴근길에 노래를 크게 틀어놓고 운전을 했습니다. 우울했던 기분을 싹 바꿔준 음악에 감사합니다. 감사합니다. 감사합니다.

··· 뭉크 전시회를 보러 가기 전에는 '절규' 외에 다른 작품은 아무것도 몰랐습니다. 그런데 오늘 가서 보니 정말 무섭고 기괴한(?) 작품들도 있었지만, 밝고 아름다운 작품들도 있었습니다. 뭉크가 그린 '별이 빛나는 밤'은 고흐의 작품과는 다른 매력이 있었습니다. 밤은 예술가들에게 다양한 영감을 주는 소재인 것 같습니다. 특히 밤하늘을 볼 때 우리는 검정색만 떠올리지만, 고흐나 뭉크와 같은 위대한 화가들은 보랏빛이나 푸른빛을 본다는 게 참 신기했습니다. 뭉크의 좋은 작품들을 보면서 다양한 생각을 할 수 있음에 감사합니다. 감사합니다. 감사합니다.

시간

창조된 시간에 감사합니다.

- 시간은 금이다. 시간에 감사하자.
- 현대인의 시간은 너무 빨리 지나간다. 해야 할 일도 너무 많다. 그 많은 일을 해낼 수 있는 것은 시간 덕분임을 알고 감사하자.
- 얼마나 가치 있게 쓰는가에 따라 시간은 늘어나기도 하고 줄어들기도 한다. 가치 있게 사용되는 자신의 시간에 감사하자.
- 시간을 허투루 흘려보내지 말고 무엇을 해야 할지 미리 계획하자.
- 가장 중요한 일부터 처리하는 습관을 들일 수 있음에 감사하자.
- 매일 할 일을 감사요청일기에 적어 미리 감사하며 계획하고 준비하자.
- 창조성과 사고력을 키우는 시간에 감사하자.
- 자신의 삶을 새롭게 창조할 수 있는 시간에 감사하자.

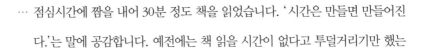

… 점심시간에 짬을 내어 30분 정도 책을 읽었습니다. '시간은 만들면 만들어진다.'는 말에 공감합니다. 예전에는 책 읽을 시간이 없다고 투덜거리기만 했는

데, 내가 마음을 먹으니 마법처럼 책 읽을 시간이 생겼습니다. 감사합니다. 감사합니다. 감사합니다. 시간을 점점 더 알차게 활용하고 책도 열심히 읽는 나에게 감사합니다. 감사합니다. 감사합니다.

… 해야 할 일이 무척 많았는데, 무엇이 더 중요하고 급한지 제대로 생각하지 않고 이것저것 닥치는 대로 하다 보니 시간이 허무하게 흘러갔습니다. 일의 우선순위를 정하지 않았기 때문입니다. 하지만 이번 일을 계기로 플래너를 더 꼼꼼히 작성하게 되었고, 덕분에 다른 일도 순조롭게 진행했습니다. 감사합니다. 감사합니다. 감사합니다.

… 시간이 없다고 불평하는 대신 플래너를 활용해 계획을 다시 세웠습니다. 그렇게 해보니 하루를 48시간처럼 알뜰하게 쓸 수 있게 되었습니다. 감사합니다. 감사합니다. 감사합니다.

… 나를 위한 시간을 15분 동안 갖기로 했습니다. 이 소중한 15분 동안 무엇을 할 것인지 생각해보게 되어 감사합니다. 감사합니다. 감사합니다.

… 옷을 여러 벌 사야 했는데 인터넷 쇼핑을 통해서 아주 빠르게 구입할 수 있었습니다. 시간이 절약되니 쇼핑이 더 즐거워졌습니다. 감사합니다. 감사합니다. 감사합니다.

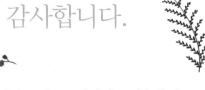

사회

우리나라에 감사합니다.

- 우리나라가 존재하고, 우리나라의 국민으로 살아가고 있음에 감사하자.

- 우리나라가 존재하기 때문에 감사한 일이 무척 많다. 찾고 또 찾아서 감사하자.

- 소속될 수 있는 국가가 있음에 감사하자. 국수주의자가 아니라 애국자가 되어가는 나에게 감사하자.

- 우리나라의 지나온 역사에 감사하자. 그러한 역사 덕분에 지금의 우리가 존재함에 감사하자.

- 우리나라가 세계 평화에 기여함에 감사하자.

⋯ 한국전쟁과 통일에 관한 수업을 했습니다. 백두산으로 여행을 가보고 싶다는 아이, 평양으로 현장학습을 가고 싶다는 아이 등, 통일된 한국을 꿈꾸는 아이들이 참 예쁩니다. 아이들과 통일에 대한 생각을 나눔에 감사합니다. 감사합니다. 감사합니다.

··· 삼일절입니다. 삼일절이라는 말만 들어도 가슴이 뭉클합니다. 그날 얼마나 많은 이들이 우리나라의 독립을 위해 싸웠을까요? 지금의 우리가 존재하는 것은 다 그분들 덕분입니다. 그러한 사실을 알기에 대한민국에서 살아가는 하루하루가 더 소중합니다. 고맙습니다. 고맙습니다. 고맙습니다.

··· 우리나라 같은 IT 강국에 사는 덕분에 우리는 어디서나 초고속 인터넷을 사용할 수 있고, 엄청나게 빠른 속도로 정보를 교류할 수 있습니다. 우리나라 IT산업의 고속성장에 감사합니다. 덕분에 나의 일이 더 쉽고 빠르게 처리됩니다. 고맙습니다. 고맙습니다. 고맙습니다.

···《바리데기》를 읽었습니다. 한반도의 남쪽에서 태어난 나의 숙명이 무척 감사하게 생각되었습니다. 운명은 자신이 개척하는 대로 펼쳐지지만, 그래도 처음에 태어난 장소는 매우 소중합니다. 대한민국의 독립과 한국전쟁 이후에 태어났다는 것, 이렇게 눈부시게 발전한 나라에 태어났음에 감사합니다. 감사합니다. 감사합니다.

··· 전쟁 중에도 일기를 쓰신 이순신 장군님을 생각하면 감사일기 쓰는 것이 더 쉽습니다. 감사합니다. 우리나라에는 세종대왕, 이순신, 안중근, 유관순 등 멋진 위인들이 많습니다. 그분들의 희생 덕분에 우리가 이만큼 잘살게 되었습니다. 감사합니다. 감사합니다. 감사합니다.

사회

직장, 직업에 감사합니다.

직장인의 경우

- 직업이 있음에 감사하자.

- 나의 일을 열심히 하고 금전적인 보상을 받음에 감사하자.

- 직장에서 일을 하며 자신의 역량을 발전시키는 것에 감사하자.

- 더 나은 직업을 꿈꾸며 노력하는 자신에게 감사하자. 원하는 직
  업을 소망하며 감사하자.

- 현재 수입이 적다면 더 많은 수입을 창출할 수 있는 방법을 고
  민하고 깨달음을 얻는 시간에 감사하자.

- 수입이 적더라도 감사하자. 감사하다 보면 더 좀 더 발전적인 수
  입원을 찾게 되므로 그것에 대해 미리 감사하자.

- 경제활동을 하며 필요한 곳에 소비할 수 있음에 감사하자

학생의 경우

- 내가 현재 학생임을 감사하자.

- 우리 학교, 교실, 선생님께 감사하자.

216

- 우리나라 교육시스템에 감사하자.
- 학생이기에 누군가로부터 지원을 받고 있음을 알고 감사하자.

⋯ 이번 연수는 수석 선생님들로부터 많은 것을 배웠습니다. 상대를 배려하는 사려 깊은 말과 배움에 대한 열정, 학습을 받아들이는 유연함과 탁월함 등, 좋은 것을 많이 배우는 기회였습니다. 감사합니다. 감사합니다. 감사합니다. 학식과 지혜가 깊은 이들과 함께 공부할 수 있는 것은 내 직업 덕분입니다. 나의 직업에 다시 한 번 감사합니다. 감사합니다. 감사합니다.

⋯ 나에게 멋진 직장이 있음에 감사합니다. 청년실업이 심각한 현실 속에서 남들이 부러워할 만한 직장이 있음에 다시 한 번 감사합니다. 감사합니다. 감사합니다. 매일 출근하면 멋진 눈망울을 가진 친구들을 만날 수 있는 직업이어서 감사합니다. 감사합니다. 감사합니다.

⋯ 예전에는 월급날에도 감사하다는 생각을 해본 적이 없는 듯합니다. 늘 월급이 적다고 불평하기만 했습니다. 그러나 이제는 월급날이 있는 나의 직업에 매우 감사합니다. 직업이 있기에 내가 발전할 수 있습니다. 감사합니다. 감사합니다. 감사합니다.

사람

인간관계에 감사합니다.

- 나에게 영향을 준 친구를 찾아 감사하자.

  - 현재 혹은 과거의 친구

  - 나에게 깨달음을 주는 친구

  - 현재 혹은 과거에 나와 사이가 좋지 않았거나 나를 괴롭힌 친구

- 사회생활을 하면서 만난 모든 사람들에게 감사하자.

  - 그들이 나에게 배움을 주는 사람임을 알고 감사하자.

  - 그들이 나에게 주는 사소한 말 한마디도 놓치지 말고 감사하자.

  - 그들이 품은 부정성을 깨달음으로 전환해 감사하자.

- 내 주위 사람들은 모두 나에게 어떤 식으로든 감사함을 전해

  준다. 그 사실을 인식하고 감사하자.

- 직장, 이웃, 동호회 등 다양한 사람들과의 소통을 감사하자.

··· 2주 만에 교실놀이모임 가위바위보를 하는 날입니다. 영숙 님이 조금 아프
셔서(옆구리에 담이 심하게 결리셨습니다) 내가 대신 행정실에 가는 것과 저
녁식사 주문을 했습니다. 편찮은 곳이 많으신데도 항상 솔선수범하시고 주
변 사람들을 챙겨주시는 영숙 님 덕분에 든든합니다. 감사합니다. 감사합니
다. 감사합니다.

··· 어제 연구실을 어질러놓은 채 퇴근했습니다. 그런데 아침에 출근해보니 누군
가가 청소를 해놓았습니다. 정말 죄송하고 감사합니다. 감사합니다. 감사합
니다. 깨끗한 연구실에 들어서는 기쁨을 주셔서 감사합니다. 감사합니다. 감
사합니다.

··· 승준 선생님의 결혼식에 행복, 미소, 웃음, 즐거움, 건강, 사랑 등, 내가 알고
있는 모든 좋은 단어로 만들어진 마법가루를 마구 뿌려주었습니다. 신랑과
신부가 영원히 사랑하게 될 것입니다. 감사합니다. 감사합니다. 감사합니다.

··· 사람을 편안하게 만들어주는 재주가 있는 규희 선생님과 같은 학교에 근무해
서 참 다행입니다. 좋은 사람들과 함께함에 감사합니다. 감사합니다.

··· 모든 인간관계는 상대적입니다. 다른 사람을 통해 안 좋은 이야기를 들었다
하더라도 내가 직접 겪어보면 그렇지 않은 경우가 많습니다. 내가 먼저 마음
을 열고 다가가 손 잡아주면 거부하는 사람은 별로 없습니다. 먼저 손을 내
미는 나에게 감사합니다. 감사합니다.

사회
교육에 감사합니다.

- 현재의 나는 과거의 교육에 의해 만들어졌음에 이해하고 감사하자.
- 현재의 교육으로 내가 변하게 될 미래에 대하여 감사하자.
- 내가 교육받은 기관, 사람, 책 등 현재의 나를 만들어준 모든 것에 감사하자.
  - 어린 시절 할머니, 할아버지의 교육
  - 부모님의 교육
  - 유치원, 초중고등학교, 대학교 등 학교교육
  - 학원, 책, 방송, 영화 등 정규 교육과정 이외의 교육
  - 사회교육

··· 대학원 워크숍과 논문 주제발표에 전력을 다하는 동료 선생님들의 모습이 참으로 감동적입니다. 감사합니다. 감사합니다. 감사합니다. 한 학기 동안 열심히 지도해주신 교수님께 감사합니다. 감사합니다. 감사합니다.

··· 어릴 적에 우리 집에서 내가 울기 시작하면 식구들은 모두 괴로워하였습니다. 한 번 울기 시작하면 조금 과장해서 2박 3일을 그치지 않았기 때문입니다. 하지만 아버지는 그런 나에게 한 번도 화내지 않으셨습니다. 어린아이가 울면 집에 복이 들어온다고 하시면서, 울고 싶은 만큼 울게 내버려두셨습니다. 부정적으로 생각하지 않고 긍정적으로 봐주신 아버지 덕분에 내가 다른 이들을 더 긍정적으로 바라보게 되었습니다. 감사합니다. 감사합니다.

··· 효숙이와 함께 스페인어 수요반 수업에 참석해서 감사합니다. 신체기관, 계절, 월요일 인사 등을 배웠습니다. 지난 수업보다 이해가 잘되어 감사합니다. 감사합니다. 감사합니다.

··· 좋은 클래식 음악을 많이 감상했습니다. 마음에 커다란 평화와 행복을 준 음악에 감사합니다.

··· 박물관 연수를 무사히 이수하게 되어 감사합니다. 우리나라에 있는 많은 박물관의 역사를 알게 된 시간이었습니다. 감사합니다. 스팀과 수학연수도 들을 시간이 되어 고맙습니다. 고맙습니다. 고맙습니다.

··· TV에 밥상머리 교육법이 나왔습니다. 그중에서도 수학에 흥미를 갖게 해주는 탈무드식 교육법이 마음에 와 닿았습니다. 나의 아이들은 이미 그 시기를 지났지만, 좋은 교육법을 알게 되어 감사합니다. 감사합니다. 감사합니다.

사물
생활도구에 감사합니다.

- 생활을 편리하게 해주는 도구들에 감사하자.
- 집 안을 둘러보자. 나의 시간을 아껴주고, 나의 수고를 최소한으로 줄여주고, 나의 기분을 좋게 해주는 도구들을 찾아 감사하자.
  - 세탁기, 빨래판, 세탁비누 등 세탁 도구
  - 청소기, 빗자루, 쓰레받기, 걸레 등 청소 도구
  - 전기밥솥, 싱크대, 냄비, 프라이팬 등 주방 기기
  - 침대, 소파, 식탁, 의자, 책상, 책장, 에어컨, 난방기
  - 화분, 액자, 컴퓨터, TV, 시계, 형광등
  - 승용차, 자전거, 운동기구, 신발
- 내가 소유한 물건들과 내가 잘 활용하는 물건들이 주는 편리함에 감사하고, 그것을 더욱 소중히 다루고 오랫동안 사용하자.

··· 초저녁에 우리 집 소파에 잠시 누워 있으면 피곤이 풀립니다. 편안한 소파에 감사합니다. 감사합니다. 감사합니다.

··· 대구까지 나를 안전하게 이동시켜주는 자동차에 진심으로 감사합니다. 내 앞에 확 뚫린 도로가 펼쳐져 있다는 사실, 그리고 그 길을 안전하게 오간다는 사실에 고맙습니다. 고맙습니다. 고맙습니다.

··· 샤워 후에 안마기로 목과 등을 안마했습니다. 시원하고 가뿐한 기분으로 저녁시간을 잘 보내고 잠자리에 들 수 있어 고맙습니다. 고맙습니다.

··· 오후에 소원 언니, 은지 언니와 만나기로 약속했습니다. 시계가 발명되기 전에 서양 사람들은 예배당 종소리를 듣고 시간을 가늠했다고 합니다. 하지만 지금은 시계 덕분에 사람들과의 약속을 잘 지킬 수 있습니다. 감사합니다. 감사합니다. 감사합니다.

··· 많은 빨랫감을 깨끗하게 빨아주고 나의 수고를 덜어주는 세탁기에 감사합니다. 요즘은 삶는 기능까지 있어서 편리하게 삶을 수도 있습니다. 외출할 때 사용하면 더욱 좋습니다. 내가 사용하는 전자제품 중 편리성 1위가 세탁기입니다. 감사합니다. 감사합니다. 감사합니다.

여러 직업 종사자에 감사합니다.

- 나에게 편리함을 주는 직업인들에게 감사하자.
  - 아파트 관리 직원님
  - 대중교통 운전자님
  - 식당, 카페 등에서 일하는 각종 서비스 종사자님
  - 헤어숍 직원님
  - 택배 기사님
  - 의사 선생님, 간호사 선생님, 원무과 직원님 등 병원 관계자
    분들
  - 주차 관리 직원님, 대형마트 직원님
  - 새벽마다 쓰레기를 수거해주시는 청소원님
  - 목욕탕 서비스 직원님
  - 급식소의 조리사님
  - 은행 직원님
  - 주유소 직원님 및 차량 정비소 직원님
- 서비스를 받을 때마다 곧바로 감사함을 표현하자.

··· 부모님이 쓰시는 관절염 연고와 인터넷으로 주문한 책이 도착했습니다. 더운 날씨에도 이 집 저 집 발로 뛰며 무거운 물건들을 배달해주시는 택배 기사님들께 정말 감사합니다. 덕분에 물건을 빠르고 편리하게 받을 수 있습니다. 감사합니다.

··· 통장을 정리하고 새로운 통장으로 교환해주신 농협 직원님 감사합니다. 감사합니다. 정리할 돈이 있음에 진심으로 감사합니다. 통장정리를 도와준 ATM기에도 감사합니다. 감사합니다. 감사합니다.

··· 아파트의 엘리베이터와 계단을 깨끗이 청소해주시는 아주머님께 진심으로 감사합니다. 아주머님 덕분에 엘리베이터가 항상 청결하게 유지되어 기분 좋게 생활할 수 있습니다. 감사합니다. 감사합니다. 감사합니다.

··· 탈 때마다 친절하게 맞아주고 인사해주시는 버스 기사님 감사합니다. 예전에는 그냥 지나쳤는데 요즘은 나도 인사를 드립니다. 점점 목소리가 커지는 나의 변화에 감사합니다. 감사합니다. 감사합니다.

··· 아들 옷을 사러갔는데 옷가게 점원님이 매우 친절하게 이것저것 다 꺼내어 보여주었습니다. 아들에게 잘 어울리는 적당한 가격의 니트 스웨터를 추천해주었습니다. 덕분에 좋은 옷을 구입했습니다. 감사합니다. 감사합니다. 감사합니다.

사물

집, 옷, 음식에 감사합니다.

- 옷을 입을 수 있음에 감사하자.

  - 계절에 맞는 옷을 사 입을 수 있음에 감사하자.

  - 열심히 일한 대가로 가방, 신발, 등을 살 수 있음에 감사하자.

  - 저렴하게 구입하였다면 그것에 감사하자.

  - 이러한 물건들을 만들어주시는 분들께 감사하자.

- 음식을 먹을 수 있음에 감사하자.

  - 아침, 점심, 저녁을 먹을 수 있음에 감사하자.

  - 음식을 만들어주는 분께 감사하자.

  - 맛있게 먹는 나 자신에게 감사하자.

  - 열심히 일한 대가로 맛있는 음식을 먹을 수 있음에 감사하자.

- 집에서 살 수 있음에 감사하자.

  - 집이 있다는 것에 감사하자.

  - 집을 소유할 수 있는 자신의 경제력에 감사하자.

  - 집이 주는 안락함과 편안함을 느끼고 항상 감사하자.

··· 추운 겨울날, 따뜻한 물로 샤워할 수 있는 수도시설과 보일러가 있는 나의 집에 감사합니다. 이런 집을 구입하기 위해 열심히 돈을 벌고 꾸준히 저축한 나자신에게 감사합니다. 감사합니다. 감사합니다.

··· 오후에 따뜻한 햇살이 들어오는 방에서 낮잠을 잘 수 있어서 감사합니다. 햇빛이 잘 드는 남향 집에 살고 있음에 진심으로 감사합니다. 햇살이 사람에게 얼마나 소중한 것인지 느끼며 편안하게 잘 수 있는 시간이었습니다. 편안하고 쾌적한 나의 집에 다시 한 번 감사합니다. 감사합니다. 감사합니다.

··· 점심으로 국수를 먹고 싶다고 한 소정 님을 위해서 비빔국수를 만들었습니다. 소정 님에게 맛있는 국수를 만들어줄 수 있음에 감사합니다. 감사합니다. 감사합니다.

··· 지인의 밭에 가서 냉이와 쑥을 캐왔습니다. 덕분에 저녁에 냉이된장국과 비빔밥을 만들어 맛있게 먹었습니다. 우리에게 맛있는 먹을거리를 제공해주는 자연에 감사합니다. 감사합니다. 감사합니다. 운동도 하고 봄나물도 캘 수 있는 일요일이 있음에 감사합니다. 감사합니다. 감사합니다.

··· 퇴근 후에 편안하게 쉴 수 있는 집이 있다는 것은 큰 행운입니다. 집에서 편히 누울 수 있음에 감사합니다. 감사합니다. 감사합니다.

사회 제반시설에 감사합니다.

- 사회 제반시설 덕분에 편안하게 살고 있음에 감사하자.
- 공공 시설물에 감사하자.
  - 도서관, 사회 복지센터, 아동 복지센터, 병원
  - 횡단보도, 신호등, 교통 CCTV, 과속 단속 카메라, 도로, 터널, 다리, 육교 등 교통시설물
  - 공원, 벤치, 쉼터, 나무, 풀, 꽃, 화장실 등
  - 축구장, 인라인 스케이트장, 트랙, 운동기구 등 체육시설

… 도서관 시설이 참 좋습니다. 노트북을 들고 가서 보고서를 작성했습니다. 도서관에 있으니 논문도 쉽게 검색할 수 있었습니다. 무선인터넷도 잘 연결되어 있어서 덕분에 인터넷 자료를 활용하기도 편리합니다. 감사합니다. 감사합니다. 감사합니다. 도서관 활용을 도와준 누리 님에게도 감사합니다. 감사합니다. 감사합니다.

… 계획을 세우지 않고 여행을 갔지만, 자가용을 타고 다닌 덕분에 많은 곳을 둘

러보았습니다. 감사합니다. 감사합니다. 감사합니다. 어디든 고속도로가 잘 정비되어 있음에 감사합니다. 감사합니다. 감사합니다.

… 속도위반 벌금 청구서가 왔습니다. 자세히 보니 남편님이 과속을 하여 단속 카메라에 찍힌 것이었습니다. 덕분에 나는 나의 운전습관을 되돌아보았고, 남편님은 과속하지 않고 안전하게 운전해야겠다는 깨달음을 얻었습니다. 고맙습니다. 고맙습니다. 고맙습니다.

… 가까운 곳에 3.15 아트센터가 있어서 우리 학교 아이들의 오케스트라 공연을 할 수 있습니다. 또한 학생들의 문화생활에도 도움이 되어 고맙습니다. 지역의 문화발전에 도움을 주는 3.15 아트센터에 고맙습니다. 고맙습니다. 고맙습니다.

… 지나가다가 삼풍대에서 잠시 휴식을 취했습니다. 우리 집 바로 옆에 이런 공원이 있어서 감사합니다. 운동기구가 있어 누구나 오가며 운동을 할 수도 있고, 오래된 수목이 있어 경치가 좋습니다. 좋은 향기까지 나니 더욱 감사합니다. 감사합니다. 감사합니다.

… 밴드 앱을 이용해 감사일기를 쓸 수 있게 되어 감사합니다. 스마트폰이나 태블릿PC, 좋은 프로그램들 덕분에 실시간으로 감사일기를 적을 수 있고, 편리하게 공유할 수 있습니다. 기술문명의 발달에 고맙습니다. 고맙습니다. 고맙습니다.

이웃에 감사합니다.

- 내가 만나는 모든 이웃에게 감사하자.
- 감사할 이웃이 없다면 지금부터 만들자.
- 이웃이 전해주는 아주 작은 친절에도 감사함을 찾아보자.
- 더불어 사는 사회에서 내가 이웃에게 도움이 될 수 있음에 감사하자.
- 내 삶의 터전 속에 늘 함께하는 이들임을 인식하고 감사하자.

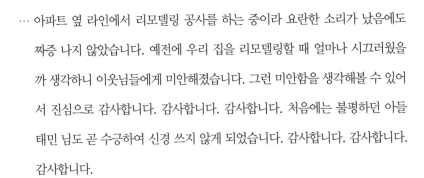

… 아파트 옆 라인에서 리모델링 공사를 하는 중이라 요란한 소리가 났음에도 짜증 나지 않았습니다. 예전에 우리 집을 리모델링할 때 얼마나 시끄러웠을까 생각하니 이웃님들에게 미안해졌습니다. 그런 미안함을 생각해볼 수 있어서 진심으로 감사합니다. 감사합니다. 감사합니다. 처음에는 불평하던 아들 태민 님도 곧 수긍하여 신경 쓰지 않게 되었습니다. 감사합니다. 감사합니다. 감사합니다.

… 재활용품 분리수거를 하는 날입니다. 집집마다 적극적으로 동참해 재활용품

을 철저히 분리해서 내놓습니다. 재활용품을 쓰레기봉투에 버리지 않고 꼼꼼히 분류해주는 나의 이웃들은 정말 멋진 분들입니다. 감사합니다. 감사합니다. 감사합니다. 분리수거를 열심히 한 나에게도 감사합니다. 감사합니다. 감사합니다.

··· 엘리베이터가 닫힐 때 내가 달려오는 것을 보신 14층 이웃님께서 열림 버튼을 누르고 기다려주셨습니다. 덕분에 엘리베이터를 기다리지 않고 곧장 올라갔습니다. 감사합니다. 감사합니다. 감사합니다. 이웃님의 작은 배려가 나에게는 큰 기쁨이 되었습니다. 나도 나중에 그렇게 하겠습니다. 본을 보여주신 이웃님께 감사합니다. 감사합니다. 감사합니다.

··· 한 달에 한 번 동네 언니들과 만나는 모임이 있습니다. 피곤해서 집에서 쉬려고 했는데 맏녀 언니가 잠시 다녀오자고 나를 데리러 왔습니다. 맏녀 언니 덕분에 동네 언니들과 만나 얼굴도 보고 좋은 시간을 보냈습니다. 감사합니다. 감사합니다. 감사합니다. 좋은 이웃들과 함께 할 수 있어 정말 감사합니다. 감사합니다. 감사합니다.

··· 어울림 배드민턴 클럽이 있어서 태민 님이 일요일마다 마음껏 운동할 수 있습니다. 감사합니다. 클럽회원은 아니지만 고등학생인 신재 님과 건환 님에게도 일요일에 운동할 기회를 주는 우리 어울림 클럽은 매우 훌륭한 사회인 체육클럽입니다. 감사합니다. 감사합니다. 감사합니다.

사물

책에 감사합니다.

- 책이 나를 만나게 될 때까지 거치는 모든 과정에 감사하자.

  – 작가, 출판사, 인쇄소, 서점 등 책이 출간되어 나의 손에 들어

  올 때까지 거치는 모든 과정에 감사하자.

- 책을 읽고 감명을 받은 자신에게 감사하자.

- 좋은 책을 쓴 작가에게 감사하자.

- 좋은 글귀에 감사하자.

- 책이 주는 지혜와 깨달음에 감사하자.

…《여덟 단어》에 나온 '낯설게 보기의 기적'이라는 말이 참으로 와 닿았습니다. 감사일기를 쓰기 시작하고 나서 그전까지는 보이지 않았던 것들이 내 눈에 들어오기 시작했습니다. 일상의 매 순간이 기적이라는 것을 알았습니다. 아무것도 아닌 것을 보는 힘, 나에게 생긴 힘입니다. 오늘 나는 기적의 순간을 만났습니다. 감사합니다. 감사합니다. 감사합니다.

…《정의란 무엇인가》를 읽기 전에,《어린이를 위한 정의란 무엇인가》를 읽었습

232

니다. 어린이 책이어서 내용이 쉽습니다. 《정의란 무엇인가》의 내용까지도 대략적인 윤곽이 잡혔습니다. 읽기를 잘했다는 생각이 듭니다. 철학적인 내용이라 가볍게 읽기는 좀 힘들겠지만, 간만에 읽는 인문서라 내일부터 열심히 읽을 생각입니다. 나에게 기쁨을 주는 작가들, 출판사에 감사합니다. 감사합니다. 감사합니다.

… 선미가 추천해준 《나는 죽을 때까지 재미있게 살고 싶다》를 읽어 감사합니다. 목차만 보았을 때는 40~50대 독자들에게 더 적합한 책이라고 생각했는데 실제로 읽어보니 그렇지만은 않았습니다. 나의 삶을 반성하고 계획하는데 도움이 되는 책입니다. 연륜은 정말 무시할 수 없는 것이라는 생각이 들었습니다. 좋은 책을 읽게 되어 감사합니다. 감사합니다. 감사합니다.

… 매일이 기적입니다. 하루하루가 기적이라 생각했었지만 잊고 지냈습니다. 그러다 오늘 읽은 책 한 권 덕분에 다시 깨달았습니다. 매일 아침 건강하게 눈뜨고 살아가는 것 자체가 축복이자 기적입니다. 감사합니다. 감사합니다. 감사합니다.

… 내가 감사일기를 쓸 때, 옆에서 《시골의사의 아름다운 동행》을 몰입해서 읽으시는 엄마께 감사합니다. 독서 취향이 비슷해서 같은 책을 읽고 이야기를 나눌 수 있어서 더더욱 감사합니다.

나

나의 건강에 감사합니다.

* 나의 몸에 감사하자.
* 신체의 각 부분에 감사하자.
  - 머리(두뇌), 심장, 폐, 뼈, 팔, 다리, 허리, 손, 발, 손가락, 발
    가락, 피부, 눈, 코, 입, 귀, 눈썹, 손톱, 발톱 등 모든 부분에
    감사하자.
* 내 몸의 각 장기와 기관들이 별 탈 없이 움직이는 것에 감사하자.
* 내 몸의 건강이 결국 삶의 에너지의 원천임을 감사하자.
* 건강을 도와주는 도구들에게 감사하자.
* 건강하게 해주는 나의 습관에 감사하자.
* 나의 오감(시각, 청각, 촉각, 미각, 후각)에 감사하자.

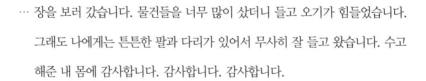

… 장을 보러 갔습니다. 물건들을 너무 많이 샀더니 들고 오기가 힘들었습니다.
그래도 나에게는 튼튼한 팔과 다리가 있어서 무사히 잘 들고 왔습니다. 수고
해준 내 몸에 감사합니다. 감사합니다. 감사합니다.

··· 오랜만에 정장을 입고 속옷도 많이 껴입었더니 손목시계가 덥게 느껴졌습니다. 2년 전 만해도 '덥다'라는 표현이 무엇인지를 모르고 살았으나 작년 여름부터 알게 되었습니다. 30년간 더위를 모르고 살았음에 감사합니다. 더위를 느끼는 것도 나이가 들어서 나타나는 현상일까요? 예전에는 땀 흘리는 사람을 보면 이해가 잘 안 되었는데 이해의 폭이 넓어짐에 감사합니다. 감사합니다. 감사합니다.

··· 건강한 눈이 있어 빨간 단풍잎, 노란 은행잎을 볼 수 있음에 감사합니다. 덕분에 아름다운 가을을 느낍니다. 감사합니다. 감사합니다. 감사합니다.

··· 운동을 한 덕분에 근육량이 증가하고 기분 좋은 호르몬이 나옵니다. 나에게 맞는 몸무게를 유지하는 건강한 몸을 갖게 됨에 감사합니다. 감사합니다. 감사합니다.

··· 잠이 쏟아집니다. 이러한 상태가 기분 좋습니다. 잠이 온다는 것은 좋은 일입니다. 잠을 잘 수 있다는 것 또한 건강한 것이며 행복한 일입니다. 감사합니다. 감사합니다. 감사합니다.

··· 매일 라디오를 들으며 1시간씩 걷는 것이 습관이 되었습니다. 걷기운동이 밥을 먹는 것처럼 자연스러워지고 당연해졌습니다. 꾸준히 걸었더니 더 건강해지고 날씬해졌습니다. 걷기운동을 열심히 하는 나에게 감사합니다. 감사합니다. 감사합니다.

나

나의 변화에 감사합니다.

- 정신적으로, 육체적으로 변화하고자 하는 자신에게 감사하자.
- 매일 무엇인가를 실천하려고 노력하는 자신에게 감사하자.
- 나의 조그마한 노력에도 감사하자.
- 소통과 겸손함으로 관계를 유지하는 데 노력하는 자신에게 감사하자.
- 먼저 나누고 실천할 수 있는 사람이 됨에 감사하자.
- 상대방의 친절에 감사할 줄 알고, 그것에 보답할 수 있는 사람이 되어감에 감사하자.

⋯ 감사일기를 100일 동안 썼습니다. 100번째 감사일기를 쓰는 오늘 이 순간에 감사합니다. 감사일기를 매일 기록하지는 못했지만, 매 순간 '감사합니다.'를 습관처럼 말했습니다. 생각과 행동을 긍정적으로 변화시키려고 노력하는 나 자신에게 감사합니다. 감사합니다. 감사합니다.

⋯ 오늘은 운동을 시작한 지 1년째 되는 날입니다. 움직이는 것을 싫어해 숨 쉬

기 운동만 했던 내가 이렇게 꾸준히 운동을 하다니 놀랍습니다. 더 열심히 하겠습니다. 감사합니다. 키티 양말을 신고 가서 300포인트를 받아 감사합니다.

… 졸음이 쏟아지는데도 감사일기를 쓰고 있는 나에게 감사합니다. 감사합니다. 감사합니다.

… 내가 만나는 사람들이 나로 인해 조금 더 행복해지는 하루가 됨에 감사합니다. 감사합니다. 감사합니다.

… 감사일기를 쓰고 나서 책을 읽어야겠다고 생각했습니다. 시간을 알뜰히 쓰는 나에게 감사합니다. 예전에는 TV와 인터넷이 나의 친구였지만 이제는 달라졌습니다. 내가 변하게 되어 감사합니다.

… 좋은 생각이 내 생활을 긍정적으로 바꿀 수 있다는 사실은 참으로 감사한 일입니다. 나 자신의 마음가짐을 바꾸도록 끌어당겨주신 감사 메이트 님들과의 인연 또한 참으로 귀중하고 감사합니다. 감사합니다. 감사합니다.

… 요즘은 피곤해서 가족들을 위해 식사를 준비하는 것이 귀찮을 때가 있습니다. 하지만 오늘 아침은 늦잠 자지 않고 일어나서 가족들을 위해 청국장찌개를 끓여 아침식사를 준비했습니다. 즐겁게 준비한 나에게 감사합니다. 감사합니다. 감사합니다.

나
사랑할 수 있음에 감사합니다.

- 자신을 있는 그대로 믿고 사랑할 수 있음에 감사하자.
  - 나의 존재 자체가 아름다움임에 감사하자.
  - 내가 할 수 있는 일이 많음에 감사하자.
  - 나를 믿어주고 나에게 힘을 주는 사람이 나 자신임을 알고 감사하자.
- 모든 사람을 있는 그대로 받아들이고 사랑하게 됨을 감사하자.
  - 틀린 것이 아니라 다른 것임을 이해하고 감사하자.
  - 다른 사람을 이해하는 능력이 뛰어남에 감사하자.
- 슬픔을 함께 나눌 수 있음에 감사하자.
- 내 삶을 있는 그대로 받아들이고 사랑하고 감사하자.
- 온 세상을 있는 그대로 받아들이고 사랑하고 감사하자.

… 퇴근길에 도서관에 들렀는데 내가 찾는 책이 없었습니다. 대신《내 인생 후회되는 한 가지》라는 책을 빌려왔는데 김정운, 엄홍길, 안성기, 박경철, 공병

호, 조수미, 조영남 등 각계의 유명인들이 인생에서 가장 후회스러운 일을 한 가지씩 들려주는 책입니다. 부모님에 관한 이야기가 많았습니다. 부모님을 진심으로 사랑하고, 앞으로 더 잘하라는 신호로 받아들이겠습니다. 미안합니다. 용서하세요. 고맙습니다. 사랑합니다.

… 감사함은 사랑을 불러옵니다. 어제까지 나를 힘들게 했던 아이들이 오늘은 모두 감사하고 사랑스럽습니다. 아이들을 사랑하는 나의 마음에 감사합니다. 감사합니다. 감사합니다.

… 감사일기를 쓰면서 마음을 비우고 다스리는 방법을 배웠습니다. 감사일기를 쓰기 시작한 이후로 마음이 많이 가벼워졌고 머릿속도 맑아졌습니다. 나 자신을 믿고, 감사하고, 사랑하는 법을 알려준 감사일기에 감사합니다. 감사합니다. 감사합니다.

… 감사할 일이 얼마나 많은지 모르고 그냥 지나치며 살았습니다. 사소한 일에도 감사할 기회를 주신 주위 분들께 진심으로 감사합니다. 감사합니다. 감사합니다. 오늘은 감사한 분들께 감사의 문자메시지를 보냈습니다. 진심이 담긴 메시지를 보낼 수 있어서 감사합니다. 감사합니다. 감사합니다.

깨달음에 감사합니다.

- 분노, 화, 슬픔 등 부정적인 감정이 일어날 때는 그것을 있는 그대로 바라보고 난 후에 깨달음으로 감사하자.
- 세상의 모든 일이 나에게 깨달음을 주는 것을 알아채고 감사하자.
  - 사소한 말 한마디에도 깨달음이 있음을 알고 놓치지 말고 감사하자.
  - 다른 이의 행동이 나에게 주는 깨달음을 알고 감사하자.
  - 주위 사물이 주는 소리, 형태, 상황에도 깨달음을 찾고 감사하자.

… 어제와 오늘, 슬픔이 분노로 변하는 나 자신을 주체하지 못하고 있습니다. 매일 감사하다고 일기에 적어왔지만 나의 평범한 일상이 얼마나 큰 행운이었는지 모르고 살았던 것 같습니다. 나의 감정을 추스르기 위해 주위를 둘러보았습니다. 가족, 친구, 이웃, 지인들에게 감사와 사랑을 전달하라는 깨달음을 얻어서 감사합니다. 감사합니다. 감사합니다. 이들에 대한 사랑의 힘으로 나

의 감정을 추스르겠습니다. 감사합니다. 감사합니다. 감사합니다.

… 요즘 매사에 불평과 불만의 연속이었습니다. 직장에서 벌어진 여러 상황들에 분노했고, 내 마음대로 되지 않는, 그래서 밤마다 '내일 아침에 정말 출근하기 싫다.'는 생각을 하면서 잠들었습니다. 우스운 것은, 하루에 10가지를 감사하는 사람이 함께 10가지를 분노하는 것 같습니다. 그런데 불평과 불만을 하니 그것이 더 크고 명확하게 나에게 돌아옵니다. 불평을 내뱉으면 불평이 돌아오고, 감사를 내뱉으면 감사가 돌아옵니다. 이런 깨달음을 얻게 되어 감사합니다. 감사합니다. 감사합니다.

… 아이들이 손 유희 놀이 '개구리 두 마리'에 흥미를 느껴 곧잘 합니다. 그리고 정말 마법처럼 조용해지는 모습을 보면서 제가 이제까지 혼내고 화내면서 조용히 있도록 시킨 것이 부끄러웠습니다. 저도 아이들도 윈 – 윈 할 수 있는 전략을 찾아 더 연구하라는 깨달음의 시간이었습니다. 감사합니다. 감사합니다. 감사합니다. 이런 좋은 방법을 알려주신 동료 선생님께 감사합니다. 감사합니다. 감사합니다.

… 정원 님과 경윤 님의 말처럼 감사일기를 쓴다고 해서 힘든 일이나 스트레스를 받는 일이 없어지는 것은 아닙니다. 하지만 상황을 유연하게 받아들이고 현명하게 대처할 수 있도록 도와줍니다. 무엇이든 긍정적으로 생각하려는 의지가 나의 마음체계로 자리 잡아 감사합니다. 감사합니다. 감사합니다.

꿈, 소망

경제적 풍요로움에 감사합니다.

- 의식주를 해결할 수 있는 물질적 풍요에 감사하자.

  - 옷, 가방, 신발 등을 살 수 있는 자신의 경제력에 감사하자.

  - 편안히 잠잘 곳이 있다면 그 공간을 마련하기 위해 노력한 자
    신에게 감사하자.

  - 직장에서 열심히 일하고 받은 대가로 맛있는 음식을 먹을 수
    있음에 감사하자.

- 나에게 생기는 수입의 근원에 대해 감사하자.

  - 월급에 감사하자.

  - 이자소득 등 기타 소득에 대해 감사하자.

  - 물건을 원래 가격보다 저렴하게 구입했다면, 할인 받은 금액
    만큼 이득이 생긴 것이므로 그 점에 감사하자

- 내가 누리는 모든 물질적 풍요는 결국 나의 경제생활과 연관되
  어 있음을 알고 많든 적든 돈이 있음에 감사하자.

- 큰돈이 생겼다면, 그것의 원천이 다른 사람이라는 것을 알고, 나
  누고 베풀며 기부할 수 있음에 감사하자

··· 월급날입니다. 지난달보다 카드 청구요금이 적게 나와 감사합니다. 적금을 더 많이 넣을 수 있어 감사합니다. 올해 목표한 금액보다 더 많이 저축하게 되어 감사합니다. 스마트뱅킹, 인터넷뱅킹 덕분에 은행에 직접 가지 않아도 일을 처리할 수 있어 감사합니다.

··· 친구 생일선물로 티셔츠를 구입했습니다. 색상이 고민이었는데 도움을 준 직원님과 수아 님에게 감사합니다. 내일부터 세일인데도 미리 30%나 할인을 해주어서 감사합니다. 친구의 마음에 들면 좋겠습니다.

··· 한 달 동안 남편님이 열심히 일해서 번 돈이 오늘 통장에 들어왔습니다. 다른 달보다 많은 금액이 들어왔습니다. 통장정리를 하고 각 계좌에 필요한 금액을 이체했습니다. 아이들과 남편님께 드릴 용돈까지 챙길 수 있는 행복한 날이었습니다. 감사하게 생활하겠습니다. 감사합니다. 감사합니다. 감사합니다.

··· 백화점에 들어서자마자 아주 예쁜 남방과 따뜻한 티셔츠가 보였습니다. 하지만 가격이 너무 비싸서 고민하던 중, 매장 직원님이 오늘부터 그 옷을 균일가에 할인해 판매한다고 했습니다. 덕분에 많이 할인된 금액으로 옷을 샀습니다. 내가 원하는 시기에 딱 맞춰 세일을 해주어 감사합니다. 감사합니다. 감사합니다.

꿈, 소망

꿈과 소망이 있음에 감사합니다.

- 자신이 이루고자 하는 일에 대하여 미리 요청하여 감사하자.
- 다른 이의 소망에도 감사하자. 다른 이의 소망이 나의 소망이 될 수 있음을 알고 감사하자.
- 매일 반복되는 일에도 소망하고 감사하자.
- 일상에서 일어나는 일에 가치를 부여하고 꿈과 소망을 가짐에 감사하자.

⋯ 자기 살 길만 찾아가는 얌체 같은 사람보다 자신을 희생해 주변 사람들을 행복하게 만드는 사람들이 많아짐에 감사합니다. 쌀이 필요한 사람에게는 쌀을, 책이 필요한 사람에게는 책을, 남자친구가 필요한 사람에게는 남자친구를, 직장이 필요한 사람에게는 직장을, 꿈과 목표가 필요한 사람에게는 꿈과 목표를 선물하는 사람이 되고 싶습니다. 나의 꿈과 함께 내가 사랑하는 사람들의 꿈도 이루어지도록 노력함에 감사합니다.

⋯ 나의 감사의 자기장이 점점 더 커져서 주변 사람들에게 사랑의 씨앗과 감사의

기운을 전파하고 싶습니다. 그 일에 더 많은 사람이 동참하고 더불어 행복해질 수 있습니다. 많은 사람들의 노력에 감사합니다. 감사합니다. 감사합니다.

… 연락이 뜸했던 지인들에게 연락이 와서 즐거운 대화를 나누었습니다. 먼저 연락해주어서 감사합니다. 감사합니다. 감사합니다.

… 항상 내게 주어진 모든 것에 감사하며, 행복을 선택하고 행복에 주파수를 맞출 줄 아는 내가 되었음에 감사합니다. 감사합니다. 감사합니다.

… 부모님의 아픈 곳이 점점 좋아지고 신체의 모든 기능이 조화로워지고 있습니다. 부모님이 건강해지시길 바라는 나의 소망에 답을 받은 듯해서 감사합니다. 감사합니다. 감사합니다.

… 적정한 체중과 균형 잡힌 몸매를 유지함에 감사합니다. 몸에 대한 사랑이 전달되어 뼈와 근육이 더욱 건강해졌습니다. 몸에 대해 긍정적으로 생각하니 더 젊어지고 활력이 생긴 것 같습니다. 건강한 몸을 갖게 되어서 감사합니다. 감사합니다. 감사합니다.

… 아이들과 더 많이 교감해 긍정적인 영향을 주고, 아이들이 더 멋진 꿈을 꿀 수 있도록 도울 수 있음에 감사합니다.

에필로그

자신을 성찰하는
풍요로운 삶으로

제가 감사일기에 대한 책을 내고 싶다고 말하니 남편님이 한마디 합니다.

"유사 이래 일기가 대중적으로 성공한 경우는 《난중일기》와 《안네의 일기》뿐인데…."

이 두 일기는 역사적 사실의 기록으로서 의미가 있기 때문이라는 것입니다. 반면 영웅도 아니고 세기를 떠들썩하게 만든 인물도 아닌 제가, 역사적으로 중요한 사실도 아니고 그저 평범한 일기 쓰기에 대한 책을 남들 앞에 어떻게 내놓으려고 하느냐는 충고입니다.

하지만 제 생각은 정반대였습니다. 감사일기에 관한 이야기가 세상에 더 널리 알려져야만 한다고 생각했습니다. 더 많은 이들이 책을 읽고 실제로 감사일기를 쓸 수 있게 돕는 것, 그것이 감사의 사명이기 때문입니다.

산다는 것은 언제나 갈등의 연속입니다. 마음속에 갈등이 없는 사람이 있을까요? 극소수의 행운아가 존재할 수도 있지만, 그들을 제외한 대부분의 사람들은 남들이 모르는 자신만의 갈등을 가지고 삽니다. 감사일기는 갈등이 끊이지 않는 우리에게 삶을 올바르게 바라보고 좋은 방향으로 이끌어주는 도구입니다. 그리고 한 사람 한 사람의 소중한 역사를 아름답고 행복하게 가꾸도록 도와줍니다.

'고작 감사일기를 쓴다고 뭐가 달라지겠어?' 하고 의심하거나, 아니면 '쓰고 싶긴 한데 막상 쓰려니 귀찮기도 하고 조금 두렵다.' 하고 생각하실 수도 있습니다. 제가 처음 책읽기를 시작했을 때, 새로운 세계를 알고 얼마나 놀랐는지 모릅니다. 이런 멋진 세계를 이제까지 나만 몰랐나 싶어 무척 흥분했지요. 그래서 아무 생각 없이 제가 읽은 것을 사람들에게 두서없이 이야기했습니다. 그저 좋은 것을 공유하고 싶다는 생각뿐이었지만, 사람들의 반응은 참으로 냉랭했습니다.

물론 사람마다 독서성향이 다르고, 저의 전달방식에도 문제가 있었을 것입니다. 사람들의 차가운 반응에 실망(?)한 저는 어느 순간부터 사람들과 대화할 때 책 이야기를 하지 않게 되었습니다. 제가 책 이야기를 하는 것이 다른 사람들에게 이상해 보이거나 '나대는' 행동으로 비쳐지는 것이 두려웠습니다. 고리타분한 사람으로 보이기도 싫었고요.

그런 제가 또 감사일기를 쓴다고 말하니 사람들은 이렇게 물었습니다.

그런 것을 왜 쓰느냐고요. 감사일기로 인해 제 생각과 인간관계, 일상이 얼마나 달라졌는지를 사람들에게 어떻게 한마디로 설명할 수 있을까요? 게다가 사람들은 낯선 것, 모르는 것에 대해 일단 부정적으로 받아들이는 경향이 있습니다. '그런 걸 뭐하려고 쓰냐? 그런 걸 쓴다고 세상이 달라지냐? 열심히 사는 것 자랑하려고 쓰냐?' 등등.

그런 사람들 앞에서 저는 입을 다물었습니다. 괜히 혼자 유난 떤다고 비난받기도 싫었고, 앞에서 말했듯이 학생들에게 감사일기를 가르치면서 이런저런 실패도 경험해봤기 때문에 남들에게 적극적으로 권하거나 이야기할 수가 없었습니다.

하지만 지금은 책읽기도, 감사일기 쓰기도 편안하게 이야기합니다. 저는 독서를 통해서 저만의 관점을 가지게 되었고, 감사일기를 통해서 점점 더 성숙해지고 있으니까요.

감사일기가 돈을 주지는 않습니다.

감사일기가 직장을 구해주지도 않습니다.

감사일기가 내가 원하는 것을 당장 가져다주지도 않습니다.

감사일기가 나의 갈등을 완전히 없애주지도 않습니다.

하지만 분명한 것이 있습니다.

감사일기는 내가 원하는 그 모든 것의 씨앗이 되어줍니다.

감사일기가 지속되면 그 씨앗은 서서히 발아해
마침내 싹을 틔웁니다.

겨우내 땅속에 있던 죽순이 봄비에 모습을 드러내기 시작하면 하루에도 몇 cm씩 쑥쑥 자랍니다. 눈에 보이지 않는다고 믿지 않고 행하지 않으면, 어느 날 쑥쑥 자라나올 감사일기의 힘을 만날 수 없습니다. 때가 되면 죽순이 땅을 뚫고 올라오는 것처럼, 감사일기도 봄을 기다려온 죽순의 마음으로 꾸준히 써보시라고 말씀드리고 싶습니다.

이제는 감사일기를 쓰는 사람들이 우후죽순처럼 여기저기에서 나타나고 있습니다. 여러분도 용기를 가지고 도전해보세요. 아주 적은 수고를 투자하는 것만으로도 삶이 드라마틱하게 바뀌는 경험을 해볼 수 있습니다. 이 책을 읽어주신 모든 독자 여러분들이 실제로 감사일기를 쓰고 스스로를 성찰해 삶이 점점 더 풍요로워지는 기적을 경험해보시길 기대합니다. 물은 오래 흘러야 강이 되고, 강이 되어야만 대지에 물을 공급할 수 있습니다. 감사일기라는 강이 오래 흘러 또 다른 이들에게 젖어들기를 기대하며 글을 마칩니다.

고맙습니다. 감사힙니다. 사랑합니다.

감사의 말

저를 이 세상에 존재하게 해주신 사랑하는 부모님(양재옥 님, 전귀순 님), 손수 농사지으신 먹거리를 사랑으로 전해주시는 시부모님(김종규 님, 정달진 님), 저를 늘 성찰하게 해주는 남편 김재수 님, 저를 새로운 공부로 이끌어주었던 제 딸 소정 님, 아들 태민 님.

저의 멘티이자 가장 좋은 친구인 이정원 님, 그리고 감사일기의 위력을 알게 해준 저의 멘티 님들, 이웃으로서 늘 저에게 감사함을 느끼게 해주시는 김현숙 님, 강말녀 님, 정연정 님, 류수정 님, 교육에 대한 새로운 도전과 학생들을 향한 제 공부를 지지해주시는 연구회의 이선영 님, 안영란 님, 원성혜 님, 박금숙 님, 강윤례 님, 이은희 님.

그리고 자신의 감사일기를 예문으로 사용할 수 있도록 흔쾌히 허락해준 이정원 님, 정연정 님, 이슬이 님, 이선미 님, 정연홍 님, 나경미 님. 감사일기의 가치를 한눈에 알아봐주신 쌤앤파커스 출판사의 모든 분들께.

고맙습니다. 감사합니다. 사랑합니다.

저자소개

양경윤

부산에서 태어나 현재 창원 안계초등학교 수석교사로 재직 중이다. 20여 년간 초등학교 교사로 일하며 아이들의 인성과 심리발달을 연구해왔다. 그러던 중 '감사일기'를 통해 자신과의 대화를 시작했고, 사랑과 감사가 담긴 짧지만 강력한 한 줄의 성찰이 일상에 얼마나 놀라운 변화를 가져왔는지 직접 체험했다. 주위 사람들에게 서서히 알려지게 된 그의 감사일기는, 동료 교사, 학부모, 초중학생 아이들에게까지 퍼져나갔고, 오늘도 수많은 사람들이 감사일기를 쓰며 기적을 체험하고 있다. 그래서 더 많은 사람들에게 감사일기를 알리고자 이 책을 쓰게 되었다.

교사들을 대상으로 자기주도학습, 리더십교육, 독서교육 등에 관한 여러 주제들을 강의했고, 창의적이고 효과적인 수업설계에 관한 직무연수 강의도 진행해왔다. 학부모들에게는 진로지도, 습관형성, 공감능력 강화 등에 관한 강의를 했으며, 스마트 기기와 게임 절제력, 청소년의 두뇌에 관한 연구를 했다. MBTI, 애니어그램, 도형심리, 웃음치료 등에 관한 자격증을 가지고 있으며, 과학교육 유공 과학기술부 장관(현 미래창조과학부) 표창, 교수·학습 개선 교육부 장관 표창 등 다수의 상을 수상했다.

icandogo@naver.com

Thanks to # 1

날짜 :   년   월   일

주제 : 나에게 감사합니다.

1. 감사일기 쓰기를 시작하는 나에게 감사합니다. 감사합니다 감사합
    니다. 나의 일상에서 감사함을 찾아 나의 삶이 감사함으로 가득 차
    고 있음에 감사합니다. 감사합니다. 감사합니다.

2.

3.

4.

감사요청일기

• 내일 또는 미래를 위한 감사함을 미리 요청하고 감사한 삶을 준비해보세요.

  내가 소망하는 일이 이루어집니다.

1. 모든 사물의 이면에 숨어 있는 감사함을 찾아가는 내가 되었음에
   감사합니다. 감사합니다. 감사합니다.

2.

3.

4.

Thanks to # 2

날짜 :　　　년　　월　　일

주제 :

1.

2.

3.

4.

감사요청일기

- 내일 또는 미래를 위한 감사함을 미리 요청하고 감사한 삶을 준비해보세요.
  내가 소망하는 일이 이루어집니다.

1.

2.

3.

4.